GRANTA

EM LÍNGUA PORTUGUESA • NÚMERO I

FRON-TEI-RAS

TINTA DA CHINA brasil

GRANTA

REVISTA SEMESTRAL

EDITORA: Bárbara Bulhosa
DIRETOR: Carlos Vaz Marques
DIRETOR DE IMAGEM: Daniel Blaufuks
ASSISTENTE EDITORIAL: Madalena Alfaia
PAGINAÇÃO: Pedro Serpa
ASSINATURAS: Rute Dias
PUBLICIDADE: Marta Bulhosa

1.ª edição: maio de 2018

G763 Granta — Fronteiras
Rio de Janeiro: Tinta-da-china Brasil, 2018.
224 pp.; 21 cm

ISBN 978-85-65500-38-8

1. Antologias (ficção) 2. Escritores —Século XX
3. Literatura — coletânea I. Granta

CDD 808.83
CDU 82-3(082)

granta@tintadachina.pt
www.tintadachina.pt/granta

Tinta-da-china Brasil
Tels. (00351) 21 726 90 28/9

TNSJ
TEATRO
NACIONAL
SÃO JOÃO
PORTO
Otelo
28 Setembro – 13 Outubro 2018
4-20 Janeiro 2019
de William Shakespeare tradução Daniel Jonas
encenação Nuno Carinhas produção TNSJ
www.tnsj.pt
REPÚBLICA PORTUGUESA
CULTURA

ÍNDICE

LISBON
PORTUGAL
DEPARTED: 06 JUL 17
KINGDOM OF NORWAY
OSLO
DEPARTED
2017 JUN 28
ABCD
0123
REPUBLIC OF BELARUS
Isabela Figueiredo
Karl Ove Knausgård
Svetlana Aleksiévitch
Brazil
RIO DE JANEIRO
28 JUN 2017
0123 DEPARTURE
Brazil
28 JUN 2017
ABCD
0123
São Paulo
Fernanda Torres
Reinaldo Moraes
A LITERATURA VIAJA O MUNDO NAS PÁGINAS DA PIAUÍ
Na piauí você encontra os melhores autores nacionais e internacionais
piauí
_pra quem tem um parafuso a mais.

Imaginando que podíamos engolir o Atlântico, quem desejaria realmente fazê-lo desaparecer? Deixemo-lo separar-nos, talvez seja assim que mais intensamente nos une.

A primeira tendência do cosmopolita é rejeitar as fronteiras. Ler é, por definição, um acto de cosmopolitismo. Quero ser outro quando leio. Anseio por essa metamorfose — ser outros personagens, outros lugares, outros sentimentos.

Eis um dos paradoxos admiráveis da literatura: sou mais eu sendo outro.

É nesse espírito paradoxal que inauguramos esta nova etapa da *Granta*, num equilíbrio poético em que aquilo que nos une por vezes nos separa, e aquilo que nos separa também nos une.

Poderá parecer psicologia barata mas eu só sou eu na consciência de não ser tu. Eu e tu servem, aqui, de sujeitos individuais ou designações colectivas.

Portugal é Europa, mas só na evocação das diferenças que o identificam como realidade diferente de todo o restante espaço europeu se torna realmente Portugal.

O Brasil afirmou-se mais Brasil no momento em que deixou de ser tomado por um imenso Portugal. O Portugal que nunca foi, aliás.

A equação mais premente das nossas vidas é, pois, a que determina a cada momento o que nos une e o que nos separa de tudo o que nos rodeia. Tanto individual como colectivamente. Somos simultaneamente continuidade e fracção.

Quantos equívocos, quantos enredos, quanta literatura possível e por vir há neste território instável em que, literariamente, quando leio, *eu não sou eu nem sou o outro, / sou qualquer coisa de intermédio.*

A primeira *Granta* transatlântica é assim a constatação de uma distância e um desejo de aproximação, em que os textos que lhe dão corpo percorrem os múltiplos matizes do idioma; convocamos autores e tradutores com sotaques distintos.

Adriana Lisboa, carioca habituada a galgar fronteiras, descreve uma delicada viagem de regresso e despedida. No conto de José Eduardo Agualusa, escritor angolano que não gosta de alfândegas, é por um corpo dividido que passa a fronteira entre o júbilo e a tragédia. Julián Fuks, paulista, o mais recente galardoado com o Prémio Saramago, que Adriana Lisboa também já recebeu, interroga a linha de separação entre a dignidade e a ruína, *o princípio da esperança e o princípio do fim*, numa narrativa que terá continuidade em romance. A história da lisboeta Teresa Veiga situa-se, ironicamente e com um ligeiro toque perverso, na fronteira ética que divide sensibilidades entre a escolha individual e a aceitação dos ditames da natureza. Valério Romão, um filho da diáspora portuguesa, nascido em França, traça com humor *os limites do humor*, num conto que esperemos não se torne uma doença contagiosa. Finalmente, Francisco Bosco, outro carioca, postula, em registo barthesiano, no espaço aberto entre poesia e filosofia, que *o eu não passa de um conjunto de fronteiras.*

Daniel Blaufuks, que agora assume a direcção de imagem, deu carta branca à fotógrafa portuguesa Rita Lino e ao fotógrafo brasileiro Marco Chaves, e convidou o ilustrador João Fonte Santa a criar uma imagem para cada uma das narrativas desta edição.

A juntar aos textos originais, há ainda um conjunto de textos traduzidos, publicados previamente pela *Granta* inglesa: o conto da coreana Han Kang foi o ponto de partida para o romance *A Vegetariana*, que lhe valeu o prémio Man Booker International; a norte-americana Emma Cline, revelada com *As Raparigas* (título português) / *As Garotas* (título brasileiro), conta a história de uma jovem mulher, que, tal como as protagonistas do seu romance de estreia, se aventura por territórios perigosos; Keane Shum, um alto funcionário das Nações Unidas no Sudeste Asiático, testemunha na primeira pessoa a tragédia do povo rohingya, o maior grupo apátrida do mundo; o britânico de origem soviética Peter Pomerantsev investiga, no conflito ucraniano sob a égide russa, as novas armas de propaganda e o modo como a Ucrânia foi um laboratório de *fake news*; Patrick Marnham, veterano autor inglês de literatura de viagens, leva-nos a um território no *fim do mundo*, entre a Guatemala e El Salvador.

Vivemos num mundo repleto de fronteiras, por boas e más razões. Aquelas que vemos e as invisíveis. Estão por todo o lado. Umas que queremos transpor, outras que nos preservam e conferem identidade.

Na *Granta em Língua Portuguesa* aproxima-nos e diferencia-nos a língua — simultaneamente a mesma e outra, consoante o lugar de origem. Em português nos des/entendemos. ■

CARLOS VAZ MARQUES

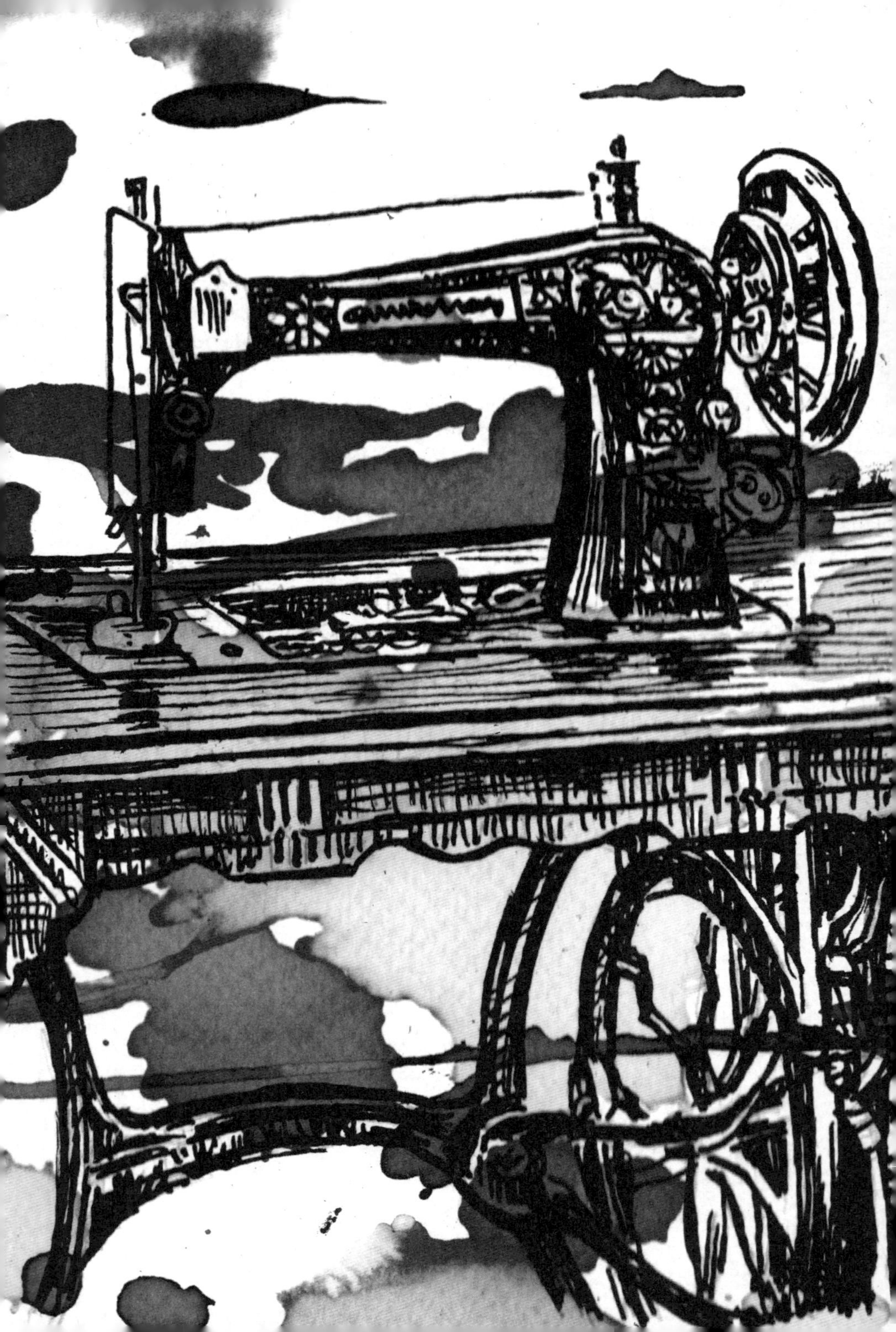

DIA DE IEMANJÁ

Adriana Lisboa

Venha hoje, ele disse. Telefones tocando às cinco horas da manhã são o maior temor de quem vive distante. Pagamos um preço ao sair: quem fica não espera pelas nossas visitas descompassadas para envelhecer, para dar à luz, para incluir no vocabulário a nova gíria que soa estranha aos nossos ouvidos agora extravagantemente forasteiros. Quem fica segue com seu tempo e com suas coisas, quem sai leva um músculo a menos e o desterro nunca vai dar conta de fazer brotar outro no lugar.

Eu não tinha a ajuda de um cigarro no aeroporto, então meti os fones nos ouvidos. Uma raiva monstruosa de todas as pessoas ao meu redor. Pessoas tão turistas passeando seus novos jeans e conversando sobre assuntos divertidos variados. Eu queria que a música desse cabo delas, que as canções se emendassem umas nas outras para que eu não conseguisse ouvir nem uma quina de risada contente. Queria ter um punhado de dardos para arremessar no homem e na mulher seminus da propaganda de perfume, mar cor ibiza ao fundo.

Minhas mãos são magras como as suas. Às vezes escuto a sua voz na minha voz. E a memória é uma seleta de cenas fortuitas que procuram por mim mais do que eu por elas. Durante o sono, não raro. Lembra, por exemplo, de quando você fazia os meus vestidos? Foi uma fase. Você comprava uma revista, eu escolhia um modelo.

Íamos ao Parque dos Tecidos remexer entre os rolos de viscose. Crepe. Você se sentava à velha máquina de costura presente do seu pai, a Singer doente de uma estranha enfermidade — era você pisar no pedal para fazê-la funcionar e a pequena lâmpada apagava. E você fiel, tinha sido presente do seu pai. Eu vinha no táxi, depois de desembarcar no aeroporto de destino, pensando no Parque dos Tecidos e na lâmpada defeituosa da sua máquina de costura para não pensar em mais nada. O motorista falou de política. Eu disse a ele que estava de pleno acordo.

A cirurgia tinha corrido bem. A família me recebeu na entrada, abri a bolsa não sei como e entreguei não sei como a identidade para que a moça da recepção me cadastrasse e eu pudesse subir com os outros. Uma etiquetinha auto-adesiva para eu colar na blusa.

Um calor do quinto dos infernos no Rio de Janeiro. Muito frio lá?, um sobrinho me perguntou. Muito frio lá, respondi. Eu acabava de ver o termômetro subir uns cinquenta graus, no barato, num intervalo de menos de 24 horas. Não que isso tivesse qualquer importância, mas é só que eu me sentia suja e suada e o corpo com aquela esquisitice que fica como ressaibo dessas viagens de ficção científica (ainda acho que é isso que elas são), e quando pude finalmente entrar na UTI e estar com você, com aquela você sobrevivente, o que ouvi dos seus lábios foi: você está tão bonita. A primeira coisa que me disse. A boca nem dava conta de se mexer direito, machucada pelos tubos, confusa por tanta coisa. As palavras saíam tateando o direito a serem pronunciadas.

A vida não mudou as suas crenças. A crença no café com leite pela manhã. A crença na sopa de legumes que sua mãe preparava em casa desde antes que você nascesse, e a voluntária inadequação ao álcool que podia deixá-la de pilequinho com um martini, como de fato chegou a acontecer. A crença nas canções, nas cantigas, no violão que foi, enquanto pôde, parte. A crença na cadeira que era melhor para as suas costas do que o sofá, e nos trabalhos de tricô e crochê que enchiam armários. A crença em guardar uma infinidade de potes de sorvete vazios, embalagens, caixas de papelão, sacolas. Porque vai que alguém precisa, e em algum momento alguém sempre precisava. As crenças que às vezes beiravam teimosia — mas isso me parecia uma estratégia de sobrevivência das mais inofensivas. Até que. Mas você fez as suas escolhas, e quem sou eu para determinar onde fica essa linhazinha sinuosa entre o certo e o errado?

Todas as questões que pudesse haver entre nós, todo o excesso e todas as faltas que vinham, às vezes, pelo viés do excesso, eram de uma irrelevância espantosa, agora, quando você me dizia que eu estava bonita embora eu não estivesse. Você também estava: bonita. Por trás do rosto emaciado de alguém que andara chacoalhando entre corredores de hospitais durante um mês até que um dos doutores fez o diagnóstico e aí era coisa de operá-la no dia seguinte porque já não se podia mais esperar. Por muitos anos, como sabemos, você esperou, farejando no corpo alguma coisa que achou melhor não investigar. Mas o dia chegou em que o corpo resolveu ficar explícito.

Venha hoje, meu pai disse. Telefones tocando às cinco horas da manhã são o maior temor de quem vive distante. O meu desespero para encontrar lugar em dois aviões, era do que eu precisava, uma poltrona em dois aviões, só isso. Uma conexão longa, de frente para um homem e uma mulher seminus e felizes numa propaganda de perfume, os dois como se nada, o mundo como se nada. A agonia de passar por um apagão de doze horas no vôo mais longo da história até chegar à sua cidade, à minha cidade.

Bonita. Quando você teve alta da UTI e pôde ir para o quarto, Ana e eu nos revezávamos fazendo suas sobrancelhas, penteando seu cabelo e passando creme nas suas mãos. Eu: a que menos havia estado ali com você e por você ao longo da última década. Eu, tentando remendar o convívio levando a pinça às suas sobrancelhas.

Os prognósticos eram bons, depois da cirurgia. A gente insistindo para você comer, esse o problema: você não queria. Dizíamos mãe você precisa comer. Ela é dengosinha, não é?, comentou uma enfermeira. Rimos, mas sentimos certa raiva secreta da enfermeira.

Mesmo dengosinha, você travou amizade com todas elas, que já sabiam que tinha três filhos oito netos três bisnetos. Que vinha de uma família de Cantagalo, a terra de Euclides da Cunha. Esse ninguém conhecia. Que sua mãe se chamava Marieta e seu pai Bento Lisboa. Tem uma rua no Catete com esse nome, uma das enfermeiras disse. Baixinho, você informou, era o magistrado, mas ficou por isso mesmo.

Creme nas suas mãos. Meias nos seus pés. Sente frio? Sente calor? Acha que pode comer um pouco mais? E você dizia que não queria, e a minha vontade de segredar nos seus ouvidos a verdade que estava proibida de comunicar, enquanto você me perguntava estou com alguma coisa muito braba, não estou? Por que é que eu não podia contar? Por que é que nunca pude?

Uma semana, o tempo que passei com você, ali. Em algum momento, bastou eu me apertar na cama ao seu lado, sentir o seu corpo emagrecido, o cheiro diferente, bastou sentir a sua pele quente e tocar o seu cabelo fino e acariciá-lo sem nenhum pedido. Uma enfermeira entrou nesse momento, conferiu qualquer coisa nos saquinhos de líquidos que iam dar nas suas veias, não disse nada.

Na noite de sexta-feira, a última, calhou de ser minha vez. Eu tinha apanhado emprestada no seu armário uma camisola de malha. Mickey e Minnie de mãos dadas e a frase *love is me and thee*. Cheiro do sabonete que você colocava para perfumar suas gavetas de roupas. Na noite de sexta-feira, a última, vesti a camisola e me estendi no sofá-cama ao seu lado. Trabalhei um pouco. Dormi quase nada. Você em algum momento começou a se queixar de dores. E em algum momento me disse o ar não está chegando. Vou falar com a enfermagem. Apertei o botão. Fui lá para fora, aflita, o ar não está chegando.

Enfermeiros entrando, enfermeiros saindo, o dia raiando. Um enfermeiro tinha me dito, em algum momento ao longo da semana, que você gostava de observar as garças pela janela do corredor. Seu corpo tinha seus próprios planos. Sua própria lógica. Já não se tratava mais de observar as garças pela janela do corredor. Pouca coisa na vida me surpreendeu tanto quanto ver você, a rainha do autocontrole, sempre discreta e recatada, tão inteiramente entregue. Ali. À mercê. Médicos e enfermeiros de repente enxameavam ao seu redor, e pouco importava a sua nudez, pouco importavam os fluidos do corpo. Não é verdade? Que pouco importavam? Olhos fechados, você sorvia o oxigênio do tubo que tinham colado à sua cara e nem em ficção tenho como cogitar o que era a sua mente, que tamanho tinha, que lugar ocupava naquele momento. E nós, escandalizados, apavorados, nós tentávamos o recato, desviando os olhos, aguardando do lado de fora. Tolíssimos.

Seu corpo tinha seus próprios planos. Já estava deflagrado o processo, e nós ali, ignorantes de tudo. Das opções, duas apenas, decidiu-se pelo regresso à UTI sem ter como consultá-la. Sem ter como informá-la.

Tá tudo bem?, foi só o que perguntamos, enquanto os enfermeiros arrastavam a maca, o tubo de oxigênio ao seu lado.

Tá, tá tudo bem, você respondeu, quase alegremente. Quase como se fosse acrescentar: e com vocês?

E é inevitável depois a gente se torturar pensando no que deveria (deveria?) ter feito em lugar do quê. Porque e se, não é mesmo? E se uma semana antes. E se um ano antes. E se naquela noite, em vez da UTI.

Mas você já não tem nada a ver com isso. São coisas que fazem parte só da nossa vida, dos nossos dias que vão, agora, incluir arrumar armários, doar roupas, atender (ou não) telefonemas, e cuidar como pudermos desse ferro incandescente que nos cauteriza o peito. Um corpo numa morgue é somente um corpo numa morgue, e os olhos da gente entram em curto-circuito, não entendem como é possível que não seja você (e não é) se é você. A saia e a blusa e o sapato que escolhemos — presentes de Natal que você não teve tempo de usar. Parece-me que houve um velório. Era dia de Iemanjá. Depois levaram o corpo para o crematório e os mais católicos da família ficaram ofendidos com isso. Parece-me que havia, entre eles, lugar para tanto.

Algo nosso ficou por aí, em meio a tudo isso. Algo meu caiu nos degraus da escada onde acho que me sentei e onde acho que chorei uma outra categoria de dor. Algo tão humano, tão deste mundo, algo do reino dos músculos e das proteínas. Eu também. Minhas mãos magras como as suas. A cadeira que em algum momento será melhor para as minhas costas do que o sofá. Enquanto isso, será uma boa ideia tatuar rosas nos ombros?

As sabiás na varanda da sua casa perguntando-se pelas bananas. O seu retrato na parede, pintado pelo seu irmão esquizofrênico. O seu lugar na mesa. Os frascos dos seus remédios sobre a cômoda, que depois fomos recolhendo um a um. As páginas e páginas que escrevi obsessivamente nos meses seguintes, sem objetivo. Todos os sonhos que ainda tenho com você. Toda a vida que ainda vivo, sem você. O trabalho. Este ano. Meu filho. Este mundo. Este parágrafo. Todo o tempo que passo sem pensar em você. Um ou outro pote vazio de sorvete que guardo — vai que alguém precisa, e em algum momento alguém sempre precisa. Os aniversários em que me pesa a falta da sua voz delicada ao telefone. A cicatriz que me esgarça a pele e me faz procurar desesperadamente pela beleza da falha, aquela lição dos ceramistas japoneses, a rachadura que confere alma ao barro. Este rústico transitar por aqui. Este estar, ainda, aqui. Aquela época em que você fazia os meus vestidos. A espera num aeroporto. Uma notícia de jornal. Um cigarro. Fones de ouvido para calar o mundo, quando ele começa a falar alto demais. ■

VISSOLELA

José Eduardo Agualusa

Vissolela jamais ergue a voz. Durante muito tempo achei que tivesse receio de que o timbre a traísse. Veste roupas coloridas. Cobre o cabelo com um turbante alto. "Você devia escrever um livro sobre mim.", disse-me, mal me apresentei. Concordei, esforçando-me por esconder a irritação. Se fosse escrever um livro sobre cada sujeito que conheci cuja vida daria um livro passaria mil anos a escrever. Não lhe disse isto, claro.

Um jornal brasileiro pedira-me para a entrevistar. Primeiro recusei. Costumava entrevistar escritores, músicos, artistas plásticos. Vissolela movia-se num mundo que eu desprezava. Contudo o jornal insistiu, pagavam bem, e eu precisava de dinheiro. Acabei por dizer que sim. Por sugestão dela, combinámos encontrar-nos num café da moda, frequentado pela burguesia emergente de Benguela. Um lugar onde eu nunca pusera os pés.

Vissolela levou-me pela mão até uma mesa vazia. Sentámo-nos. Percebi os risos de troça à nossa volta. Ela pediu uma cerveja. Eu, uma água tónica. Contou-me que foi presa cinco vezes. A primeira por prostituição, a segunda por furto, a terceira por agressão a um polícia, a quarta por atentado ao pudor, a quinta por tentativa de golpe de Estado.

Pouco depois de chegar a Luanda, Vissolela conseguiu emprego no ateliê de um alfaiate, um português que se mudou para Angola porque todos os seus clientes em Lisboa eram angolanos. Vasco Camilo, o português, achou que se tinha dez clientes certos em Lisboa, poderia ter trezentos em Luanda, entre deputados, ministros e empresários importantes. Não foi assim. Depressa descobriu que os empresários importantes já têm os seus próprios alfaiates, em Londres ou em Paris, e que a maior parte dos deputados prefere comprar pronto a vestir, como o comum dos mortais. Ainda assim, o negócio corre-lhe melhor do que em Portugal.

Vissolela aprendeu rápido. Há cinco ou seis anos abandonou o ateliê de Vasco Camilo e criou uma marca de roupa: Rosa de Porcelana. Um famoso kudurista, Kamba Kilamba, deu uma entrevista dizendo que só vestia a roupa dela. Vissolela começou a ser convidada para debates na televisão. Primeiro, sobre moda. Logo a seguir, sobre sexo (os sexos dela) e, finalmente, sobre qualquer assunto.

— As primeiras vezes em que fui convidada para falar sobre moda, não estavam muito interessados em me ouvir falar sobre moda — disse-me. — O que queriam era me ouvir falar sobre sexo.

Conta-me que namorou com um militar, um jovem major. Isso eu já sabia. Li as notícias sobre o escândalo. O militar foi enviado para a Líbia, para fazer um curso sobre explosivos, e converteu-se ao Islão. Quando Vissolela o conheceu já ele era muçulmano.

— Então também eu me converti — por amor.

A comunidade islâmica em Angola é muito pequena, constituída sobretudo por emigrantes malianos, senegaleses e libaneses. Os angolanos contam-se pelos dedos de uma mão.

— E bebes álcool? — perguntei.

— Nunca fui uma boa muçulmana — reconheceu Vissolela. — Sempre bebi cerveja. Nunca deixei de comer chouriço. Sou louca por leitão à Bairrada. Seja como for, abandonei o Islão. Acabou o amor, acabou a fé. Agora sou neo-animista. Está mais de acordo com as nossas tradições.

O namoro com o major e a conversão ao Islão levaram-na à cadeia pela quinta vez. O major foi preso com um grupo de outros cinco muçulmanos nacionais, todos eles acusados de tentativa de golpe de Estado. Dois dias depois, a polícia foi buscar Vissolela. Ficou presa apenas uma semana.

— Eu já era famosa. A minha prisão gerou tumulto. Além disso, desacreditava o processo.

— Porquê?

— Olhe para mim!

Vissolela foi solta para que os outros pudessem continuar presos. Ninguém em Angola acredita que sejam terroristas. Muito menos que pretendessem dar um golpe de Estado. Contudo, também ninguém os defende. O Islão não é popular entre nós.

— Você sente-se hoje mais mulher?

Ela olhou-me, e era um homem olhando para mim:

— Porquê? — Terminou de beber a cerveja, e quando voltou a olhar para mim era de novo uma mulher. — Sou homem, sou mulher. Sou uma pessoa que gosta de homens, de cerveja, de leitão à Bairrada, de moda e de glamour. Sou uma pessoa que gosta de dançar, que gosta de carnaval. Sou uma pessoa que gosta de viajar. Sou uma pessoa que não gosta de fronteiras.

Numa mesa afastada, um sujeito obeso, suado, tirava-nos fotografias com o telemóvel. Disfarçava muito mal. Levantei-me e fui ter com ele.

— Posso ver o seu telemóvel?

O gordo encarou-me, assustado:

— Porquê?

— Porque o senhor não pode tirar fotografias minhas sem autorização.

— Posso sim, meu amigo, estamos num espaço público.

— Dê-me o telemóvel!

— Não dou. Tem vergonha que eu publique as fotos e que amanhã a sua mulher e os seus filhos o vejam de mão dada com a aberração?

Vissolela surgiu de repente, debruçou-se e beijou o gordo nos lábios, ao mesmo tempo que fazia uma *selfie*. Houve risos e aplausos.

— E agora? — perguntou, mostrando a foto. — Quer que eu ponha este nosso beijo no meu facebook?

O homem ergueu-se, trémulo.

—Você não faria isso…

— Eu sou a aberração. Posso fazer o que quiser. Ganho sempre.

O gordo estendeu-me o telefone:

— Apague as fotos todas, estou-me cagando. Vocês, os panilas, metem-me nojo.

Apaguei as fotos e devolvi-lhe o telefone. Ele colocou uma nota na mão do garçon e saiu. Eu e Vissolela regressámos à nossa mesa. Tive consciência de que todos os olhares estavam fixos em nós. Talvez mais ninguém se atrevesse a tirar fotografias, mas durante semanas aquele encontro seria motivo de conversa no meu ciclo de amigos e conhecidos. Benguela é uma cidade pequena. Tudo se sabe.

No domingo seguinte, liguei a televisão e lá estava Vissolela, numa festa de carnaval, em Luanda, fantasiada de anjo, com duas enormes asas resplandecentes e um vestido branco, cavado, que deixava quase inteiramente expostos os seios pequenos e perfeitos. A repórter, uma moça sólida, com uma cabeleira lisa e loira, como um leão desfrisado, estendeu-lhe o microfone, ao mesmo tempo que atirava a pergunta:

— É verdade o que se diz, que os anjos não têm sexo?

— Só aos domingos e feriados religiosos é que não, querida. Nos outros dias fazemos muito.

A repórter, que já tinha aberto a boca, esqueceu-se do que ia perguntar. Gelou, o microfone estendido, enquanto Vissolela se afastava rindo às gargalhadas.

Dias depois estava eu na praia, deitado ao sol, a ler, quando uma moça alta, muito magra, se aproximou. Parou à minha frente. Hesitou um instante, antes de me estender uma mão de dedos longos, muito finos:

—Você é o jornalista? Sou Tchissola, a irmã de Vissolela.

Tirou uma toalha do cesto e sentou-se ao meu lado. Tchissola é bonita, embora de uma forma não convencional, com o cabelo cortado rente, um rosto comprido e anguloso. Tem olhos amendoados, com íris muito escuras, que parecem absorver a luz em redor.

— Ela não lhe falou em mim?

— Não.

— Nunca fala. Esconde-nos. Tem vergonha de nós.

— Porque haveria de ter vergonha de vocês? Vissolela não parece ter vergonha de nada.

Tchissola ficou um momento olhando o mar, abanando a cabeça, como se acompanhasse o ritmo das ondas.

— É verdade que ela vem nos ver com frequência. É verdade que ajuda a família. Mas tem vergonha, nos esconde.

Não soube o que responder. Um rapaz saiu da água, sacudindo-se como um cachorro. Ao passar por nós abriu um largo sorriso para Tchissola.

— Tudo bem? Não te via há muito tempo…

Tchissola sorriu de volta e logo o ignorou. Voltou-se para mim, muito séria.

— Ela disse-lhe que foi presa por prostituição?

— Disse…

— É mentira. Só foi presa uma vez, por causa daquela confusão com o namorado muçulmano. Até acho que ela começou a namorar com ele porque sabia que as pessoas falariam. Quer que falem dela, custe o que custar, parece até doença…

O meu silêncio, ao invés de a desanimar, deu-lhe mais força. Contou-me que a mãe, enfermeira, criara sozinha as duas irmãs. O pai desapareceu na guerra quando elas eram ainda muito pequenas. Contudo, nunca lhes faltara nada. Até que, aos vinte anos, Vissolela decidiu deixar Benguela.

— Ela dizia que se continuasse aqui morria. Dizia que talvez até já estivesse morta. Que talvez estivéssemos todos mortos. Que provavelmente nem nunca tínhamos chegado a viver. Para ela, a vida começava em Luanda. E foi para Luanda.

Certa noite, uma vizinha bateu-lhes à porta, muito excitada. Vissolela estava a falar na televisão.

— Nessa noite a minha mãe chorou a noite toda. Foi a pior noite da minha vida. Ela não compreendia. Eu também não. Ainda hoje não compreendemos.

— Que Vissolela tenha ido para Luanda?

— Não! Não! Que tenha inventado aquela história horrível, que nasceu mulher e homem... Hermafrodita... Eu nem nunca tinha ouvido essa palavra antes...

Olhei-a, agoniado. Pobre Vissolela. Batalhara tanto, ao longo de anos e anos, enfrentando preconceitos, e a mãe e a irmã persistiam num surdo estado de negação. Inventei uma desculpa, que tinha uma crónica para terminar, uma entrevista agendada, levantei-me e fui-me embora.

Dois dias depois de ter conhecido Tchissola, uma amiga falou-me numa velha parteira, Dona Anunciação, que fizera o parto dela, dias antes, e lhe confidenciara ter feito também o de Vissolela. Pedi o telefone da mulher. Liguei para ela.

Dona Anunciação vive na Catumbela, num casarão que parece ter-se extraviado no tempo e só permanece de pé, percebi isso depois, porque tem a sustentá-lo um amor invencível. Dona Anunciação e o velho Alberto Medina vivem ali há mais de meio século. O quintal, no meio do qual se ergue um enorme embondeiro, foi transformado numa oficina mecânica onde Alberto continua a trabalhar. Nunca tiveram filhos.

— Filhos — disse-me Dona Anunciação, — tenho esses todos que ajudei a parir.

Lembrava-se muito bem de Vissolela:

— Uma menina perfeita, com tudo no seu lugar.

Até à tarde em que entrevistei Vissolela, o mundo no qual ela se movia era-me absolutamente alheio, uma espécie de universo paralelo, do qual apenas tinha notícia, vez por outra, tropeçando em algum programa de fofocas, na televisão, ou escutando na rua uma conversa entre comadres. Ao aceitar entrevistá-la foi como se tivesse aberto um portal de acesso a esse universo. Os estranhos seres que nele habitam começaram a infiltrar-se no meu próprio mundo.

Ontem foi a vez de Kamba Kilamba, o kudurista. Encontrei-o na minha sala de visitas, acompanhado por uma criatura obesa, embrulhada numa espécie de cortina cor-de-rosa choque, que se apresentou como sendo Zenilda Preciosa, jornalista social.

Arrastei a minha mãe até à cozinha:

— Porque diabo deixaste entrar essa gente?!

Olhou-me, aflita:

— O que podia fazer, filho? Perguntaram se podiam esperar por ti. Pareceram-me tão boas pessoas...

Regressei à sala. Vi com desgosto que Zenilda se sentara no meu sofá preferido, e de lá dominava a sala inteira, como uma escultura de Botero pintada de cor-de-rosa.

— O que desejam?

— Sabe que Vissolela está desaparecida? — perguntou Zenilda.

— Desapareceu, sim — murmurou Kamba Kilamba com um aceno triste.

— E o que tenho eu a ver com isso?

Kamba Kilamba abanou a cabeça:

— Ora, amigo, nós sabemos...

— Toda a gente sabe — acrescentou Zenilda. — Ela deu-me uma entrevista, na televisão, contando a vossa bonita história de amor. Você não viu?

Não respondi. Saí sem fechar a porta, entrei no carro e conduzi até à Caotinha. Estou há três horas olhando o mar. Quando era criança, costumava vir para aqui com o meu pai. Lembro-me tão bem dele, um homem alegre, sempre a rir e a contar piadas. Gostava imenso de dançar. Nunca soubemos porque se matou. ■

A FRONTEIRA

Patrick Marnham

TRADUZIDO DO INGLÊS POR GUSTAVO PACHECO

> Por meio da indolência e da insubmissão, o espanhol preservou sua individualidade, uma criatura orgulhosa de ser quem é, cuja única noção de obrigação social é o que ditam os antigos costumes.
>
> V. S. PRITCHETT

Saí da Guatemala e entrei em El Salvador pelo posto de fronteira de Anguiatú, em uma estrada parada que ligava a região guatemalteca de Esquipulas, um fim de mundo, ao município salvadorenho de Metapán, outro fim de mundo. Antigamente havia minas de prata nessa região de El Salvador, mas o metal se esgotou, como aconteceu com todas as minas de metais preciosos do México e da América Central. Era uma tarde de sábado. Fazia muito calor. O ônibus nos deixou no lado guatemalteco da fronteira, e carregamos nossas malas através do calor até os luxuriantes uniformes azuis e dourados dos guardas de fronteira salvadorenhos.

A cidade que eu acabara de visitar, Esquipulas, é um desses lugares famosos para os centro-americanos e ignorados pelo resto do mundo. É uma cidade pequena, pouco mais do que uma rua, que vive do "Cristo Negro" guardado lá desde que foi esculpido em 1594. Meu guia de viagem descrevia Esquipulas como um "centro turístico". Na verdade era um local de peregrinação, algo bastante diferente. Andando pela rua principal, encontrei um advogado que disse que vira dois italianos em Esquipulas oito meses antes, mas fora isso nenhum europeu ou americano em três anos. Ele era da Cidade da Guatemala mas tinha vindo a Esquipulas para "fugir dos esquadrões da morte". Essa parte da Guatemala era segura. "Tem poucos índios, e por isso poucos comunistas." Ele falava com um ar divertido. O advogado tinha uma mulher muito bonita. Ele a apresentou como sua esposa e depois me disse, com um certo orgulho, que eles ainda não eram casados, que estavam "vivendo em pecado". Parecia o tipo de pecado em que Deus não prestaria muita atenção na fronteira da Guatemala com El Salvador.

Mais cedo, eu tinha ido ver os peregrinos, que o advogado distinguia dos turistas, rezando na igreja beneditina. Às seis e meia da manhã, os monges sentavam em cadeiras espalhadas pela nave da igreja e ouviam confissões em meio à algazarra das famílias que chegavam de toda a Guatemala, e também de El Salvador e Honduras. Os índios se ajoelhavam no chão de pedra, montando pequenos altares com velas e rosários. Alguns se ajoelhavam com uma vela em cada mão, outros voltavam da fila da comunhão com um sorriso no rosto. Pelos vestidos das mulheres, dava para ver que elas vinham de todas as aldeias das montanhas. Eu já tinha viajado por aquela região e me lembrei que, quando estive por lá, foi inevitável pensar nos índios como gente muito envolvida com política. De que lado eles estavam? Será que eles escondiam guerrilheiros? Será que eles entrariam para a Guarda Civil? Como convencê-los a falar sobre o exército? Aqui, fora de contexto jornalístico, eles eram apenas peregrinos, animados e felizes. Alguns deles traziam bebês, carregados em panos brancos que deixavam os bebês pendurados nas costas horizontalmente, como se estivessem deitados em uma rede. Para acalmá-los, as mães, muitas delas adolescentes, jogavam os bebês para cima, sacudindo-os com a cintura em semicírculos. Isso não acalmava os bebês. O barulho das crianças chorando durante a missa era tremendo, mas não perturbava tanto. Não era insistente, só subia até o teto da igreja como se fosse incenso, e se dissipava sem fazer eco.

Depois da missa havia uma bênção, um ritual local. Os índios faziam fila do lado de fora da igreja e os monges, a maioria vindos da Louisiana, iam passando por eles carregando brochas e baldes de plástico cheios de água benta. Algo parecido acontecia na Missa Solene antes de a Igreja Anglicana ter reformado sua liturgia. Havia um cântico baseado no Salmo 50 — "Aspergi-me com um ramo de hissope e ficarei puro. Lavai-me e me tornarei mais branco do que a neve." No meu tempo de escola, costumávamos nos esquivar para não sermos molhados. Mas em Esquipulas os monges tinham que encharcar cada peregrino e todos os seus pertences, espalhados no chão em frente deles. Os índios ficavam inquietos se algo continuasse seco. Para eles, a água benta era um remédio; precisava ser ministrado na dose correta.

Na noite anterior, vi o santuário, abandonado pelos monges durante a noite, ser ocupado animadamente pelos fiéis, como os santuários em todo o mundo. As chamas das velas em torno do "Cristo Negro" podiam ser vistas a um quilômetro de distância, emolduradas pela escuridão dentro da igreja. As famílias chegavam, se ajoelhavam na porta oeste, e começavam a cantar o hino do santuário. As velhas entoavam o hino como se fossem muezins, e depois entravam de joelhos dentro da igreja. Lá dentro, algumas pessoas passeavam conversando, outras iam direto até a rampa atrás do altar que levava até a urna de prata e cristal que guardava a imagem. Tocavam e beijavam a imagem e esvaziavam seus bolsos diante dela. Quando saíam, depois de alguns minutos de rezas, observados pacientemente pelos que esperavam sua vez, iam andando de costas, com os olhos ainda fixos no Cristo crucificado. Esse tipo de devoção pode ser encontrado em toda a América Latina — uma região na qual, segundo seus padres, a igreja está em crise.

O ônibus que ia até a fronteira levava vários peregrinos, não índios guatemaltecos, mas salvadorenhos que voltavam para casa depois de uma noite em Esquipulas. Só dez por cento da população de

El Salvador é totalmente indígena e menos de dez por cento é totalmente branca. Sua maioria de oitenta por cento de mestiços é de longe a mais vasta da América Central. Diz-se que seus problemas atuais se devem a sua história recente. O país se separou da Guatemala em 1849, pouco depois de o café ter sido introduzido na região para onde eu estava indo. Naquela época, a população era de apenas algumas centenas de milhares de pessoas. Mas o café trouxe prosperidade e a população, ou melhor, a população de *mestizos*, cresceu rápido. Em 1930 havia um milhão e meio de pessoas, em 1966 três milhões, em 1979 quatro milhões e meio. Hoje são cento e cinquenta e sete pessoas por quilômetro quadrado, o que torna El Salvador o país mais densamente povoado do continente americano. Além disso, a terra é montanhosa e grande parte dela, imprestável. Tradicionalmente, o país é governado por quatorze famílias. Não é difícil entender como os problemas começaram.

Na fronteira, fui separado dos peregrinos. Eles foram rapidamente liberados e entraram em outro ônibus, e eu fiquei para trás para encarar a imigração salvadorenha pela segunda vez em doze meses. Na minha viagem anterior, eu havia entrado em El Salvador não pela porta dos fundos, mas por Honduras, pela Rodovia Pan-Americana, e — embora eu não soubesse disso naquela época — passando por um posto aduaneiro que fora destruído no dia anterior. Os poucos soldados de guarda fugiram para Honduras quando os guerrilheiros atacaram. Oito guardas de fronteira que ficaram em seus postos foram mortos. As edificações e a ponte foram dinamitadas. Todo o tráfego na Rodovia Pan-Americana foi interrompido; foi um dos ataques mais espetaculares dos guerrilheiros em muitos meses. O exército hondurenho abriu fogo com artilharia da outra margem do rio. Mais tarde, houve rumores de que a maioria dos soldados salvadorenhos destacados para proteger a ponte estava ausente, ensaiando um desfile para o "Dia do Soldado". Para os membros do serviço de imigração, deve ter sido sua pior experiência em muitos anos. Sem saber nada disso, me aproximei de uma mulher corpulenta que começou a vasculhar minha bagagem.

Se você perguntar a observadores experientes de El Salvador como *não* viajar pelo país, eles lhe dirão para não viajar de ônibus. Por alguma razão, esse conselho não chegou aos meus ouvidos antes de eu ter atravessado o país de ônibus duas vezes. Diziam que o maior perigo ao viajar de ônibus não eram os guerrilheiros, e sim o exército. Acabei conseguindo um *laissez-passer* do Ministério da Defesa. Era um documento cuidadosamente datilografado, dirigido aos *Señores Comandantes y Jefes de Cuerpos Militares*. O papel me identificava como correspondente do *Spectator* de Londres e dizia que, desde que eu não violasse a segurança militar, deveria receber apoio para meus trabalhos jornalísticos. No final do documento não estava escrito "Atenciosamente", e sim "Deus, União, Liberdade", e havia um carimbo com o lema militar "*TODO POR LA PATRIA, JUNTOS, PUEBLO Y FUERZA ARMADA*". Mostrei o papel aos correspondentes estrangeiros em El Salvador e insinuei que isso garantiria a minha segurança na viagem de ônibus. Eles riram.

O Ministério da Defesa quase não me deu o *laisser passer*, porque minha credencial de imprensa estava "irregular". A validade estava vencida há quase um ano. Pensei no Sindicato Nacional de Jornalistas, no escritório na Grays Inn Road chamado Acorn House, nas cobranças impacientes pela minha anuidade, na declaração confiante de que a credencial era reconhecida pela Associação de Chefes de Polícia da Inglaterra e País de Gales. Conversei sobre o assunto por um bom tempo com o Capitão Luis Mario Aguilar Alfaro. Argumentei que a data de pagamento da minha anuidade era em junho, dali a dois meses. Ele respondeu que minha credencial estava irregular. Nesse momento, ele foi distraído pela chegada de uma assessora de imprensa que queria exibir seu novo uniforme cáqui, e assim consegui meu *laissez-passer*. O documento trazia uma dessas fotos de passaporte, tiradas há muitos anos, que para o escritor que está no exterior, em uma parte interessante do mundo, parecem sempre um pouco sinistras.

— Como você pretende sair do país? — A mulher não era muito amigável.

— Por San Miguel.

— Não dá. A estrada está fechada.

— Mas é a Rodovia Pan-Americana.

Ela contou o que havia acontecido no dia anterior. Começou a examinar meus livros e papéis. *Anna Karenina* ela deixou passar, apesar do suposto preconceito existente contra autores russos. Ela abriu Donne. "Poemas", disse.

— Sim — respondi, — de amor.

Um olhar seco.

— Você está aqui só como turista?

— Sim.

Ela olhou as pilhas de livros, cadernos, jornais, fotocópias, a tralha costumeira de um jornalista. *Viva Mexico!* de Charles Macomb Flandrau, *O Catecismo da Doutrina Cristã*, *O Vermelho e o Negro*, *The Country Between Us* de Carolyn Forché, *El Principito* de Saint-Exupéry, *Costumes dos Índios da Guatemala.*

— Profissão?

— Advogado.

— Você entende a nossa situação?

Ela começou a folhear uma caderneta, *libreta espiral,* marcada com o número 8 na capa: "Cabeças em estágio tão avançado de decomposição que não dava para saber o sexo. Morreu um monte de gente. Sessenta cadáveres em uma manhã." Isso era só a página dois.

— Você conhece a nossa situação?

— Sim. — Fiquei na dúvida se ela repetia a pergunta porque estava preocupada com a minha falta de informação ou porque queria deixar claro que suspeitava de mim. Mas ela não deixou de ser educada. Como tantas pessoas na América Latina, estava submetida à tradição hispânica da cortesia, às obrigações sociais.

— Divirta-se.

Fui liberado. Enquanto subia a encosta, carregando meus livros, olhei para trás, para a mesa sob o teto alto. A mata e as montanhas cercavam o posto aduaneiro. Ela continuava lá, de pé, olhando para mim. Não havia mais ninguém para atender. O *abogado* inglês seria lembrado ainda por um bom tempo. Olhando para ela, sozinha naquele lugar, pensei na naturalidade com que os salvadorenhos aceitam o perigo.

Fui de Anguiatú até Metapán na caçamba de uma caminhonete. A essa altura, já era fim de tarde. Longas sombras caíam sobre as montanhas, esfriando o calor que subia do asfalto. Não havia sinal da numerosa população. As montanhas pareciam desertas. Na caminhonete, havia uma mulher vestida de vermelho, com o marido e uma filha pequena, e outra mulher, uma peregrina desgarrada de Esquipulas. Depois de algum tempo, as montanhas começaram a me dar a impressão de que estavam olhando para nós; alguém nos observava. Essa impressão vinha simplesmente do fato de saber que eu estava em El Salvador. Aqui não era o México nem o Panamá.

Homens armados e uniformizados pararam a caminhonete e pediram nossos documentos. O distintivo nos ombros dizia *Polícia de Fronteira*. Depois que nos deixaram passar, eles começaram a se insultar uns aos outros. Um deles arrancou o cigarro da boca de outro. Essa hostilidade aberta não era comum. Fiquei me perguntando o que estaria deixando-os tão irritáveis.

A caminhonete parou de novo para uma camponesa subir. Ela tinha a pele escura e os olhos azuis. Seu rosto era gentil, embora a princípio eu não percebesse isso porque tinha medo de olhar para ela muito de perto. Embaixo do rosto, havia duas gargantas. A garganta original tinha sido empurrada para o lado. Abaixo dela, havia um calombo que com o tempo tinha crescido em paralelo à garganta original e que, do queixo dela até o ombro, era tão grande quanto a outra. Devia ser o maior caso de bócio do mundo. Todos evitávamos olhar para ela. Ela não ligava. Sua expressão continuava gentil. Estava acostumada a ser ignorada por estranhos. Não disse nada. Talvez não pudesse falar.

A peregrina desgarrada, uma mulher idosa e pesada, estava sentada em cima da armação da roda. Não havia assentos na caminhonete. Ela recusou duas vezes meu convite para se sentar na minha mala. Conversamos sobre sua peregrinação, sobre Santa Ana, sobre minha viagem. Ninguém mencionou "a situação". À medida que nos afastávamos das montanhas, o vento que soprava na caminhonete foi esquentando de novo. A mulher de vermelho, agachada à minha frente, deixou que seu pé encostasse no meu. Ela tinha dentes de ouro e seu cabelo era abundante e escuro. Ela seria muito bonita se não fosse seu queixo, que era grande e flácido. O marido inclinou-se para a frente, olhou para o pé dela e na mesma hora parou de sorrir para mim. Nossos pés se separaram. Nesse momento a filha dela tropeçou e caiu, e todos rimos. Quando ela viu que eu admirava sua filha, surgiu em seu rosto uma expressão de inocência e felicidade — algo bem diferente do clima calculadamente amistoso que havia antes. Isso fez com que ela parecesse cinco anos mais jovem.

No tédio que era andar dia após dia em ônibus lotados e desconfortáveis, observar o comportamento das mulheres e crianças da América Central foi se tornando cada vez mais um prazer. As crianças eram com frequência educadas, obedientes e curiosas, a princípio assustadas ao ver um gringo, mas depois acabavam se abrindo. Lembro de duas delas em uma viagem noturna na Guatemala, brincando durante uma hora uma versão de "Estou vendo uma coisa". A garota — esperta, mais nova, era ela quem mandava — escapava das cotoveladas que seu irmão, maior do que ela, tentava dar quando ela trapaceava. Ela trapaceou o tempo todo, sempre a seu favor, e no final roubou na contagem de pontos. Mas era esperta, no fim das contas: roubou a favor do irmão. Era comum, em alguma pausa na viagem, eu encontrar crianças como essas, quase sempre sob a guarda de uma mulher magra com um vestido vagabundo, cujos movimentos graciosos eram um alívio constante em meio à solidão. Eu aprendi a amar as cores e os materiais vagabundos que essas mulheres sabiam usar tão bem, com seus olhos imensos, sua modéstia, sua força nervosa, seu orgulho infinito e seu cuidado com a aparência, não importa quão exaustas estivessem, e sua notável desinibição. Embora tivessem plena noção de seu poder de atração, também pareciam ter consciência de que isso não tinha muita importância. Elas jogavam o jogo muito bem, para ganhar, e depois tocavam a vida. A vida, depois de alguns anos, mudava a aparência delas. Igualmente adoráveis eram as mulheres obesas e desleixadas, com suas panças imensas que mal cabiam nos mesmos tecidos vagabundos que vestiam as mulheres magras, seus peitos que saltavam para fora desleixadamente, à disposição de seus filhos, sua confiança de que, com um simples olhar, conseguiriam impor ao seu redor a área privativa de que precisavam. As mulheres magras eram geralmente as tias ou as mães de uma criança. As mulheres gordas eram as mesmas mulheres, três filhos depois.

Em Metapán, a caminhonete parou em uma rodoviária. Atravessei a rua e as pessoas me chamavam em inglês, divertidas ao ver um gringo num lugar como esse. "Não tem muitos gringos na cidade", diziam com ar gozador. O jornaleiro, um descendente de europeus com ar inteligente, embora de aparência desleixada e barba por fazer, brincou que ia me vender um jornal espanhol. A notícia de que um gringo havia chegado a Anguiatú se espalhou pelo lugar. "A situação" estava melhorando. O ônibus de Metapán para Santa Ana era expresso e só parava quando recebia ordens dos soldados fortemente armados que ficavam entocados em cada ponte na estrada.

Passei aquela noite no melhor hotel de Santa Ana. A guerra que devastara a economia de El Salvador afetou de maneira mais evidente essa cidade, que um dia tinha sido agradável, do que outras partes do país. Paul Theroux visitou Santa Ana em 1978 e descreveu-a como "um lugar perfeito... perfeito no seu marasmo, seu calor com cheiro de café, sua praça que parece uma selva, e na elegância poeirenta de seus edifícios antigos". Cinco anos mudaram tudo isso. O hotel era administrado por uma família de refugiados espanhóis fugida ao general Franco. Eram de Bilbao, mas não haviam voltado à cidade desde 1938. Eles tinham se entrincheirado no hotel como se fosse uma fortaleza, e ele passava o dia todo trancado. Toquei a campainha no portão de aço, e depois de algum tempo um homem muito, muito velho, usando um paletó cinza-claro engomado, abriu uma fresta.

— Tem um quarto?

— *Seguro.*

Jantei sozinho em um salão onde cabiam setenta e cinco pessoas. O hotel havia sido magnificamente projetado, com piso e abóbadas de pedra e arcadas espaçosas para refrescar os quartos. Mas o dinheiro tinha acabado faz tempo. Não havia muito dinheiro circulando em Santa Ana. A poeira e os insetos se metiam em cada pedacinho do reboco.

Os bascos acabaram se acostumando com a presença de um visitante inesperado em seu hotel. A mãe falou sobre Franco: "Você não imagina quantas garrafas de champanhe bebemos neste quarto na noite em que ele morreu."

A filha admirava a Inglaterra. Por quê? "Porque durante um ano ela aguentou sozinha a luta contra Hitler. E porque lá está sempre chovendo. É o mesmo clima de Bilbao." Ela nunca havia saído de El Salvador, mas usava uma camiseta com a palavra basca *Euzkadi*. Ela lia um bocado sobre a Europa. Eles me perguntaram o que eu estava fazendo ali e eu disse que era turista. Deu para ver que a filha não acreditou em mim.

A mãe contou histórias sobre Barcelona quando *los rojos* defendiam a cidade. Os amigos deles agora pareciam ser todos de direita — comerciantes, oficiais. Eles tinham um hotel. Eram contra os subversivos. A mãe disse: "Quando chegamos aqui, nunca poderíamos sonhar que a Espanha seria um dia um país seguro." Ela não podia mais voltar. "Minha vida está aqui agora." Ela não disse isso, mas nunca poderia sonhar, quando deixou a Espanha, que *los rojos* um dia se tornariam uma ameaça tão grande quanto Franco.

Eles me disseram que era seguro sair à noite. Eu tinha ouvido falar de um cassino em Santa Ana e pensei em gastar alguns *colones* por lá. Havia pouca iluminação nas ruas em volta da Plaza Mayor. Acabei encontrando um bar aberto e me sentei para escrever no meu caderno. Percebi que uns homens em outra mesa olhavam para mim. A cerveja, depois do vinho que tinha tomado no jantar, me fez sentir sonolento. Comecei a andar de volta, cruzando a praça na direção que achei que o hotel estivesse.

"*Venga! Venga!*" Em frente à delegacia de polícia protegida até os dentes, que ficava em um lado da praça, agora praticamente deserta, os três homens do bar estavam sentados na caçamba de um caminhão. Um deles estalava os dedos, impacientemente. Estavam vestidos como civis. Não tinham qualquer dúvida de que eu iria obedecê-los. Em algum lugar na escuridão depois da praça, soou um tiro. "Documentos", disseram. "Quem é você?" Parece que algo tinha acontecido com a tradição hispânica de cortesia. Lembrei que não levava documentos.

— Você não é da imprensa, é? — perguntou um deles.

— Da imprensa *internacional*? — acrescentou outro. Pediram de novo meus documentos. Tentei parecer prestativo. Havia uma pequena carteira de plástico no meu bolso. Puxei-a para fora. Ela continha o talão dos meus cheques de viagem. Pelo menos era algo impresso. Entreguei a eles a carteira e disse que era meu cartão de identidade inglês. Um deles começou a estudá-la cuidadosamente.

— É perigoso aqui à noite — disse outro. — Tem toque de recolher. Por que você está na rua? Onde você está hospedado?

Tentei, sem sucesso, me lembrar do nome do hotel.

— Onde fica?

Apontei na direção que eu esperava que fosse a correta.

O primeiro homem sacudiu a carteira na minha direção. "Se essa é a sua carteira de identidade, onde está o seu nome?" Eu olhei para o talão. Ah, sim, meu nome. Ele leu devagar. "Thomas… Cook. Muito bem, o *señor* Cook tem que voltar agora mesmo pro seu hotel." Ele estava se comportando de maneira ridícula. Eu concordei e parti na direção errada. Eles me chamaram de volta. Mostraram a direção certa. Meu comportamento dificilmente poderia ser mais suspeito.

Mais tiros soaram enquanto eu deixava a praça. Uma coluna de policiais começou a andar atrás de mim. Caminhavam encostados na parede e checavam o ferrolho dos fuzis. Pisavam no chão como se estivessem no meio da selva. Será que foi isso que Paul Theroux quis dizer? O comportamento deles me pareceu um pouco exagerado. Foi então que vi um clarão mais adiante. Um blindado apareceu em uma esquina e começou a iluminar a parede de uma casa. Os policiais pararam. Vi uma luz acesa em uma entrada à direita, decidi me refugiar lá e logo descobri que estava no "Cassino". Um garçom apareceu para me dar as boas-vindas, por fim tudo tinha voltado ao normal. No final do longo corredor, eu podia ver palmeiras, um bar, homens sentados em banquinhos e vestidos com ternos bem cortados, mais garçons. Havia música tocando em algum lugar.

Aí tudo começou a dar errado. O garçom da recepção, outro homem muito velho, não foi tão receptivo.

— O que você quer? — perguntou.

— Um drinque.

— Aqui não, *señor*. É um clube.

— O cassino é aqui?

— Sim, *señor*, o *Casino*, um clube particular. — Ele parecia bem nervoso. Não deviam ter me deixado passar na porta. — Por favor, *señor*, vá embora. — Lá fora, o tiroteio havia recomeçado.

—Claro — eu disse. Quem ele estava pensando que eu era? Um clube particular, como os de Londres. Regras, garçons, velhos costumes. Ninguém entrava em um clube particular sem ser convidado. Tranquilizei o garçom. Ninguém tinha me visto entrar. Ele pareceu imensamente grato quando voltei para a escuridão e o caos lá fora.

Mais tarde, li que naquela noite quatro soldados morreram em *un ataque terrorista*. Três corpos decapitados foram recuperados e posteriormente reconhecidos. Três outros cadáveres foram levados para o necrotério de Santa Ana e identificados.

Quando voltei ao hotel, os bascos também pareceram aliviados. Tinham ouvido o tiroteio. "Isso não costuma acontecer", disseram, enquanto trancavam tudo de novo. Dormi muito mal naquela noite.

Fazia um calor terrível mas eu não queria abrir a janela. E assim o dia que havia começado em meio a velas e hinos dos santuários indígenas terminou em um quarto completamente trancado, com o ruído de caminhões do exército tocando a marcha, gritos esporádicos e, quando não havia mais som nenhum, o som de passos correndo. ■

Originalmente publicado na *Granta* 9, Setembro de 1983.

O TAMARINDO É SEMPRE AMARGO

Keane Shum

TRADUZIDO DO INGLÊS POR MADALENA TAMEN

O tamarindo é sempre amargo.

Se te baixas, de joelhos contra o peito, e sentes a pele dos braços de outra pessoa a roçar na tua própria pele, enquanto o suor do teu nariz escorre para as costas do homem curvado à tua frente; se a luz atravessa as frinchas das tábuas sobre a tua cabeça, e sentes o estômago como se estivesse a triturar pedras, a garganta apertada para não engolir cada jacto de urina ou vómito, e se o golpe na tua coxa, provocado por um cinto arremessado contra ti como um bastão, arde como se te tivessem arrancado uma perna inteira, como se uma mão imunda te esfregasse pó de malagueta nos olhos; se tu e mais as centenas de outros com quem partilhas, assim, o mesmo porão há vinte dias, a ouvir o bater descompassado das ondas, suave e obsessivo, interrompido apenas pelos gritos súbitos de mulheres vindos do convés, sem saber quando tudo acabará e, mesmo depois de terminar, sem saber como acabariam os dias seguintes; se estás na cama com a tua mulher ou numa prisão, tão encurralado como na aldeia dos teus avós, a milhares de quilómetros de distância, onde tinhas casa, mas não abrigo, onde tinhas terra, mas não país, onde tinhas tempo, mas não futuro; se não existes no papel, se ninguém te acolhe e assim passas a tua vida à deriva, então sabes o que isto significa. Sabes que o tamarindo é sempre amargo.

Sempre que viajo em trabalho, não é nem um presidente nem uma rainha mas sim o secretário-geral das Nações Unidas quem solicita a livre circulação do portador do meu passaporte, conhecido oficialmente como *laissez-passer*, livre-passe em francês. A sua capa azul-celeste tem estampado, não o selo ou a bandeira de um país, mas sim um esboço do mundo, com todos os continentes habitados vistos a partir do Pólo Norte, enfaixados por ramos de oliveira. Desde há quatro anos que, quase todos os meses, tenho de apresentar o meu passaporte em dezenas de pontos de controlo de imigração, mas ainda assim sinto um encanto de cada vez que o faço. Porque não tenho outro documento que represente tão bem a minha identidade, moldada através dos mesmos continentes estampados, como o meu *laissez-passer*.

Há cerca de um século, os meus avós fugiram da China, durante o período de transição, para a colónia de Hong Kong e para a Indonésia, onde os meus pais cresceram, antes de terem ido estudar e, mais tarde, se terem fixado na Austrália, nos anos sessenta. Nasci cidadão australiano e súbdito britânico em 1983, parti para Taiwan em 1986, quando as profissões dos meus pais assim exigiram, e nunca mais voltei. Acabei por crescer entre a Hong Kong britânica e a chinesa, antes de entrar para a Faculdade de Direito, nos Estados Unidos.

Trabalhei algum tempo em Hong Kong como advogado especialista em direito societário vindo de Nova Iorque, e depois arranjei um emprego na Tailândia, no Alto Comissariado das Nações Unidas para os Refugiados, no sector do Sudeste Asiático. Uma semana depois de aterrar em Banguecoque, cheguei ao escritório e encontrei o meu passaporte de trabalho na secretária, semiaberto. As páginas de vistos estremeciam tanto como eu, enquanto tentava esconder o entusiasmo dos meus colegas grisalhos. Tirei uma fotografia ao meu *laissez-passer* e enviei-a à minha família e aos amigos mais próximos.

Estávamos em 2013, pouco tempo após a segunda tomada de posse de Barack Obama. Aquando da primeira tomada de posse, esperei seis horas no National Mall, em Washington, com temperaturas abaixo de zero, para assistir ao começo de uma nova era. Para ver um filho de imigrantes, um homem multicultural, tornar-se na pessoa mais poderosa do mundo; um homem cuja infância na Indonésia fora passada a lançar papagaios de papel e a comer *soto bakso* de uma banca de rua, tal como a minha mãe. A reeleição de Obama, com uma vitória esmagadora no Colégio Eleitoral, confirmava que a primeira vez não tinha sido apenas sorte, que tudo não tinha sido um equívoco, mas sim um passo em frente na História. Nesse ano, mais tarde, quando, no Aeroporto de Suvarnabhumi, o funcionário da imigração carimbou o meu *laissez-passer* e autorizou a minha entrada no reino da Tailândia, enquanto funcionário das Nações Unidas, não pude deixar de sentir que estava a ser autenticado numa linha de montagem ultramoderna, que eu mesmo era um protótipo de uma nova era globalizada, aliado de todas as nações e um cidadão do mundo.

O meu trabalho consiste em acompanhar o percurso dos refugiados no Sudeste Asiático, de forma que se possa perceber onde e de que modo podem procurar asilo, e quais serão as suas necessidades assim que o encontrem. Nos últimos anos, o maior grupo de refugiados em deslocação pelo Sudeste Asiático são os rohingya, uma minoria étnica originária de Myanmar. Os rohingya são um grupo muçulmano que vive há várias gerações na região ocidental de Myanmar, no estado de Rakhine, sendo considerados por praticamente todos os birmaneses, maioritariamente budistas, como intrusos provenientes do vizinho Bangladesh.

Mais de um milhão de rohingya em Myanmar estão excluídos, por lei, do estatuto de cidadania, formando assim o maior grupo apátrida do mundo. Privados de meios de subsistência, cuidados médicos e acesso à educação, além de alvos de constante discriminação, marcada por episódios espontâneos de violência, centenas de milhares de rohingya foram obrigados a procurar refúgio em países como a Arábia Saudita, o Paquistão, o Bangladesh e a Malásia. Existem entre dois a três milhões de rohingya no mundo e a grande maioria não possui qualquer tipo de documentação.

Quando, em 2014, comecei a entrevistar refugiados rohingya, quase todos fugiam de Myanmar de barco, já que estavam proibidos de se deslocarem por estrada sequer para a vila mais próxima. Todos os meses, milhares de rohingya pagavam dois mil dólares cada a uma rede internacional de traficantes birmaneses, bengalis, tailandeses e malaios, que se comprometiam a levá-los para a Malásia, através do Golfo de Bengala e do Mar de Andamão. A nossa equipa entrevistou centenas de pessoas que fizeram esta viagem, e todos os relatos nos pareceram impressionantemente consistentes e invariavelmente assustadores. Perante estes testemunhos, somente a rota transatlântica de escravos, entre os séculos XVI e XIX, me pareceu mais desumana.

Explicando melhor: os rohingya não eram escravizados a bordo — a maior parte iniciou viagem voluntariamente —, mas as condições dentro dos barcos eram de tal forma terríveis, que todos se transformavam em vítimas de tráfico humano.

As viagens eram feitas em traineiras de pesca, com quinze a trinta metros de comprimento, modificadas de forma que coubesse o maior número de pessoas. Os cerca de setecentos a oitocentos (por vezes mais de mil) rohingya e bengalis pobres que iam em busca de trabalho na Malásia eram distribuídos por vários pisos sob o convés, agachados, encostados uns aos outros, já que era impossível porem-se de pé, devido à altura de cada piso. As raparigas e as mulheres, que constituíam doze por cento dos passageiros, eram mantidas no convés, junto às cabines da tripulação.

Cada passageiro tinha direito a um copo de água e a uma concha de arroz por dia. A latrina, duas tábuas de madeira assentes em barras de metal soldadas à borda do barco, só podia ser usada uma ou duas vezes por dia, à vez. Qualquer pessoa que tentasse usá-la fora da sua vez, ou pedisse mais água ou arroz, levava coronhadas ou era espancada com um tubo de plástico pela tripulação. O objectivo do negócio era fazer chegar à Malásia o maior número de pessoas vivas; no entanto, os traficantes não se coibiam de alvejar ou espancar passageiros até à morte, para manterem a ordem no barco. Os mortos eram atirados ao mar, juntamente com os que sucumbiam à fome e à doença. Com base nas nossas entrevistas, estimamos que doze em cada mil passageiros terá morrido a bordo, quase todos vítimas de maus-tratos ou escassez de alimentos. Existirão, portanto, mais de mil e oitocentos corpos de rohingya e bengalis no fundo do Golfo de Bengala e do Mar de Andamão.

Apesar de a travessia marítima entre Myanmar e a Malásia poder ser feita numa semana, a maioria dos rohingya que entrevistei esteve nas mãos dos seus traficantes durante meses. Os barcos desviavam-se constantemente da rota, fosse para recolher mais passageiros ou para esperar por um momento para desembarcarem sem serem descobertos pelas autoridades. Habitualmente, esta operação acontecia junto à costa sul da Tailândia, uma zona mais fácil para os traficantes atracarem os barcos, por ser menos patrulhada do que a costa da Malásia.

Já na Tailândia, os traficantes transportavam as pessoas em camiões até aos acampamentos na selva, junto à fronteira com a Malásia. Aí, sequestravam os rohingya e os bengalis, mantendo-os presos em jaulas de madeira até que as suas famílias pagassem a dívida. Para garantirem este pagamento, os traficantes telefonavam aos familiares dos prisioneiros enquanto lhes batiam, para que se ouvissem os seus gritos. Somente após receberem o resgate é que os traficantes os deixavam sair para a Malásia.

Uma rapariga rohingya de dezasseis anos, que viajava sozinha, contou-nos que foi violada repetidamente durante duas semanas na selva. Centenas de corpos foram encontrados junto à fronteira da Tailândia com a Malásia, enterrados ao acaso, perto destes acampamentos. Os sobreviventes contaram-me que podem existir muitas mais centenas de pessoas, assassinadas quando tentavam escapar, ou deixadas para trás por estarem demasiado doentes para serem transportadas, de cada vez que os traficantes tinham de deslocar os acampamentos para escaparem às autoridades. Visitei também dezenas de rohingya em vários estados de paralisia, efeito do beribéri, uma doença provocada pela desnutrição severa.

Em 2014, fui velejar durante um fim-de-semana prolongado com o meu irmão, ao largo da costa próxima do local onde foram descobertas, mais tarde, estas valas comuns. É um sítio paradisíaco. De Phuket para norte, e de Langkawi para sul, toda a orla marítima é ponteada por gigantescos rochedos cársicos, e a areia que os circunda é de uma brancura inimaginável, tornando esta paisagem um cenário único no mundo. É aqui que turistas vindos da Europa, Rússia, China e Austrália vêm realizar as suas fantasias em estâncias de luxo; onde admiram o céu a mudar para tons de magenta e azul, enquanto o sol se põe no mesmo mar onde refugiados e migrantes definharam, quase até à morte, durante meses.

Caminhar por uma aldeia em Maungdaw, uma região de maioria rohingya situada na ponta mais ocidental de Myanmar, junto à fronteira com o Bangladesh, é como atravessar um labirinto. As estradas entre as casas parecem trilhos: de terra batida, com passagens estreitas e cheias de altos e baixos. Algumas destas estradas estão cobertas por arbustos, o que as torna sombrias mesmo durante o dia, e as cercas de bambu ondulantes dão-nos a impressão de que toda a aldeia se verga com o vento. Sente-se sempre a brisa do mar.

Não é difícil imaginar Kamal*, um rohingya de doze anos, a passear pela sua aldeia numa noite de Outono, momentos antes de ser cercado por um grupo de rapazes. Alguns trazem pistolas. Agarram-no pelo cabelo e obrigam-no a caminhar em direcção à margem de um rio, onde dezenas de pessoas estão a ser agrupadas para entrarem numa grande canoa de mercadorias. Nesse grupo, há mais algumas crianças como ele, sozinhas e confusas. Após várias horas no mar, a canoa aproxima-se de uma traineira de pesca, na qual todos são

* Os nomes foram alterados para proteger as identidades do envolvidos. [N. do a.]

obrigados a embarcar, incluindo Kamal, empurrado para o porão sob o convés. Não sabe para onde o levam.

Seis semanas mais tarde, em Novembro de 2014, conversei com Kamal e o seu amigo Ismail numa mesquita discreta em Ampang, um subúrbio modesto de Kuala Lumpur, onde vive uma considerável comunidade rohingya. Os dois rapazes contaram histórias semelhantes sobre os seus raptos em Maungdaw: ambos foram enfiados à força nos barcos e levados para a Malásia, através dos acampamentos na selva, onde se conheceram. Os seus pais só lhes descobriram o paradeiro quando os traficantes — ou, neste caso, raptores — lhes telefonaram da Tailândia a exigir resgates de dois mil dólares para, mais tarde, entregarem os dois rapazes a familiares na Malásia.

Quando falei com Kamal, ele parecia soturno e distante, e o meu colega responsável pela tradução não o conseguiu ouvir bem por causa da chamada para as orações da noite. Não o pressionámos para nos contar pormenores, porque também não precisámos; Kamal estava visivelmente frágil e Ismail não se importou de nos contar de novo a viagem dos dois. Notava-se uma certa adrenalina na voz de Ismail, quase entusiasmo, por causa do que lhes acontecera — como tivesse sido uma aventura. Ismail retomara o contacto com os pais e o seu plano era ficar a trabalhar na Malásia durante uns anos, para depois se juntar a um irmão que vive na Arábia Saudita. Ismail também tinha doze anos.

As circunstâncias de Kamal e Ismail eram invulgares, mas não únicas. Nos finais de 2014, a nossa equipa começou a reparar em algumas tendências preocupantes relativamente aos rohingya recém-chegados à Malásia. Uma delas era o rapto de crianças como Kamal e Ismail. Todos os meses, dez mil rohingya e bengalis eram levados em barcos. Os traficantes no Bangladesh e em Myanmar, pagos por cada pessoa que transportassem, tinham aparentemente garantido o envio de barcos lotados aos seus homólogos na Tailândia, que lhes alugavam cada embarcação em troca de um determinado valor, que corresponderia à capacidade máxima. As margens de lucro eram de tal forma altas, que os traficantes se sentiram confiantes o suficiente para alugar mais barcos do que aqueles que poderiam encher. Assim, começaram a raptar crianças para ocuparem os barcos vazios de forma que, falsamente, mantivessem a procura ao nível da oferta. Eram raptos sem risco: transportando a vítima para outro país, seria impossível deter os traficantes por sequestro, podendo estes, além do mais, receber o resgate.

Outra tendência preocupante era o aumento de mulheres e raparigas a bordo. Ao princípio, os barcos transportavam apenas homens; no entanto, no início de 2015, cerca de dezoito por cento dos passageiros eram do sexo feminino, frequentemente noivas jovens enviadas para a Malásia para se casarem com homens rohingya. Com tantos rapazes rohingya a abandonarem Myanmar, encontrar localmente um marido tornou-se difícil e obrigava a dotes mais avultados. Casar com um homem que tinha um bom salário na Malásia, e que estaria disposto a pagar a viagem da sua noiva, tornava-se uma opção atractiva. No caso das raparigas com menos de dezoito anos, esta opção não deixava, no entanto, de ser uma forma evidente de tráfico humano.

Hasina foi uma delas; tinha quinze anos quando a conheci. O seu *nikah*, ou casamento, teve lugar em casa dos seus sogros, em Maungdaw, em Janeiro de 2015. Hasina chegou dois dias mais cedo e, no dia do casamento, apareceram os seus pais, acompanhados por um *mullah*, para oficializar a cerimónia. À medida que o calor da tarde dava lugar a uma noite fresca de Inverno, a lua cheia subia no céu de Rakhine. Pouco depois da oração da noite, juntaram-se todos e sentaram-se num tapete, e ouviu-se a voz do noivo através do altifalante de um telemóvel. Vivia em Penang, na Malásia. Meses antes, tinha telefonado aos seus pais para lhe arranjarem uma mulher. Por sua vez, estes falaram com os pais de Hasina, que estavam com dificuldades em casá-la porque não tinham dinheiro para pagar o seu dote. Não só os pais do noivo não lhes exigiam um dote, como o próprio se oferecia para pagar a viagem até à Malásia. Os pais de Hasina aceitaram.

Durante o *nikah*, o *mullah* perguntou a Hasina e ao seu noivo, pelo telefone, se concordavam em casar-se um com o outro e ambos disseram que sim. Serviu-se o jantar, e Hasina lembra-se de ter comido frango. No dia seguinte, Hasina viu o seu marido pela primeira vez: fizeram uma videochamada através de um *smartphone* emprestado por um primo. Falaram durante duas horas, sobre o que tinham comido e o seu estado de saúde, e o marido contou à mulher os preparativos que estava a fazer para a viagem de barco.

Enquanto nos contava esta conversa, Hasina sorria timidamente e ria, dizendo que nunca mais tinha pensado nisto desde que entrara no barco:

— É como se estivesse a aprender uma lição convosco — disse ela, surpreendida por lhe termos perguntado pelo seu casamento.

Depois de terem deixado as suas casas em Myanmar, Hasina e outras duas raparigas que também se iam juntar aos seus novos maridos na Malásia foram levadas para um esconderijo usado antes da partida, na margem do Rio Naf do lado do Bangladesh, fronteira natural entre este país e Myanmar. Este esconderijo era a casa de um *dalal*, ou traficante, chamado Jahangir, sobre quem Hasina ouviu depois dizer, facto mais tarde confirmado, que tinha sido morto pela polícia bengali em Maio de 2015.

— Era um homem bom — afirmou Hasina, num tom que revelava um certo respeito relutante, e até gratidão, sentimento frequente em relação aos traficantes de pessoas, desde os *dalal* do Golfo de Bengala, passando pelos *snakeheads* no Sul da China, até aos *coyotes* do Rio Grande.

As três raparigas foram levadas conjuntamente para dentro de uma traineira de pesca, de madeira, com não mais de quinze metros de comprimento, pintada de verde e branco e com duas insígnias em forma de dragões, uma de cada lado da proa. Tiveram de esperar dezasseis dias até que os traficantes enchessem os três conveses com a carga pretendida de quinhentas pessoas, que resultaria num lucro de cerca de um milhão de dólares, fora despesas do barco e da tripulação.

Os custos da viagem de Hasina, a serem pagos pelo seu marido, chegavam aos mil e quatrocentos dólares, mais um adiantamento de cento e vinte dólares para pagar a "passagem" de barco. Ao fim de seis dias de navegação, entraram em águas tailandesas e a embarcação parou quase por completo durante várias semanas. Hasina pôde falar com o seu marido por telefone em várias ocasiões; no entanto, estas chamadas eram principalmente uma forma de o capitão lhe exigir o pagamento. O capitão do barco, um poliglota encorpado, com cabelo curto e franja, chamava-se Kachin — o nome de uma minoria étnica envolvida num conflito armado no Norte de Myanmar. Era sob as suas ordens que a tripulação espancava regularmente os passageiros com cintos de borracha.

Entre fim de Março e início de Abril de 2015, Hasina e mais duzentas pessoas que estavam no convés foram transferidas para outra embarcação, pintada de vermelho e branco, durante quatro dias. Depois, foram levadas novamente para outro barco, verde e vermelho, onde já estavam cerca de cem passageiros. Dizia-se que estas pessoas não tinham meios nem fiador para pagar a viagem, funcionando o barco como uma espécie de mercado de insolvências à deriva, à espera que outros traficantes assumissem as obrigações de pagamento e as baixassem, contando que os passageiros, assim, já pudessem pagar a sua dívida. Temendo que esta opção lhes diminuísse a possibilidade de desembarcar, Hasina e os outros passageiros suplicaram a Kachin que não os deixasse lá:

— Não se preocupem: eu não vos vou vender. Eu levo-vos de volta — disse-lhes Kachin.

A promessa acabou por se cumprir; devido à falta de mantimentos, Kachin ordenara que os passageiros fossem transferidos para outros barcos, e pagara às tripulações para os alimentarem, até que chegassem mais provisões. Passados cinco dias, regressaram todos ao barco inicial.

Hasina acredita que terá passado mais um mês inteiro no mar. Talvez a sua noção do tempo fosse mais clara se não tivesse perdido os sentidos várias vezes, uma delas de forma tão profunda que as outras mulheres tiveram de persuadir a tripulação a não a atirar ao mar, por acharem que estava morta. Passaram vários dias sem comida e ainda assim, contou Hassina, "Vomitei imenso. Chegava a vomitar dez vezes por dia".

Outra tendência alarmante que chamou a nossa atenção entre 2014 e 2015 foi a mudança de estratégia dos traficantes: as pessoas já não eram sequestradas em acampamentos na selva da Tailândia. Em vez disso, a Tailândia deixara de ser um ponto de passagem e os resgates passaram a ser pedidos a bordo, querendo isto dizer que os refugiados e migrantes eram agora mantidos dentro dos barcos, subnutridos, durante meses à deriva no Mar de Andamão. Mediante pagamento, os traficantes iam descarregando grupos de sessenta a oitenta rohingya e bengalis directamente para a Malásia: na ilha de Langkawi ou no continente.

Segundo um relatório da Reuters, foi nesta altura que as autoridades tailandesas abriram uma investigação a um traficante chamado Anwar, com base numa denúncia feita por um vendedor de *roti* rohingya, cujo sobrinho continuava nas mãos dos subalternos de Anwar, mesmo após o pagamento do resgate. A agência Reuters noticiou que o sobrinho tinha sido morto em retaliação e que Anwar fora detido a 28 de Abril de 2015, três dias antes de as autoridades de Songkhla, no Sul da Tailândia, descobrirem o primeiro conjunto de cadáveres enterrados à pressa, junto aos acampamentos na selva.

A configuração tripartida das hierarquias dentro das redes de tráfico impede que se tenha a certeza. No entanto, vários rohingya que entrevistámos afirmam que os seus barcos estavam sob o controlo de Anwar, e que a sua detenção levou a que, no início de Maio, tivesse sido organizado um encontro entre traficantes, nas imediações da fronteira marítima da Tailândia com a Malásia. Kachin foi um dos participantes. Ouviam-se rumores de que a marinha tailandesa dera início a uma "caça" aos barcos de tráfico. Tendo isto em conta e para limitar as suas perdas, os traficantes decidiram abandonar em massa as embarcações, deixando para trás milhares de rohingya e bengalis.

Sobreviventes de vários barcos relataram-nos histórias idênticas sobre como foram abandonados. Ao regressarem da sua reunião no mar, as tripulações distribuíram porções adicionais de comida e água, sugerindo que o desembarque na Malásia estaria próximo. Assim, na tarde de 9 de Maio, os quinhentos e setenta e oito passageiros do barco de Hasina viram uma lancha aproximar-se quando começou a anoitecer. Surgiram quatro homens, que entraram imediatamente na traineira e retiraram todas as ferramentas e o equipamento, enquanto a tripulação embarcava na lancha. Quando os passageiros começaram a protestar, foram disparados tiros de aviso. Enquanto entrava na lancha, Kachin disse aos homens rohingya para navegarem em direcção a oeste, oferecendo depois algum consolo:

— Não destruí o motor — afirmou Kachin.

Na mesma altura, o capitão de outra embarcação abandonou cerca de mil rohingya e bengalis. Momentos antes de fugir numa lancha, avisou os passageiros para que navegassem a duzentos e vinte graus, pois assim chegariam à Malásia na manhã seguinte. Porém, não existe nenhum sítio no Mar de Andamão onde uma orientação de duzentos e vinte graus aponte um barco para a Malásia. O capitão estaria, decerto, a direccioná-los para a Indonésia.

Qualquer que fosse o seu destino, o barco ficou sem gasolina no dia seguinte. Passaram uns barcos de pescadores, que lhes ofereceram algum combustível e deram indicações para chegarem à Indonésia. Na manhã de 11 de Maio de 2015 chegaram dois navios da marinha indonésia, trazendo água, massa instantânea e bolachas, tendo regressado mais tarde para rebocar o barco e levá-lo para a Malásia.

— Fornecemos-lhes gasolina e pedimos que seguissem caminho. Não os obrigamos a ir para a Malásia ou para a Austrália; esse assunto não nos diz respeito. O nosso objectivo é que não entrem na Indonésia, porque não é esse o seu destino — declarou um representante da marinha indonésia à agência France-Presse.

O barco andou à deriva durante quase dois dias, até ter sido abordado por dois navios da marinha malaia, perto de Penang, na tarde de 13 de Maio. Mais uma vez, foi-lhes entregue comida e água. Durante a noite, os navios malaios rebocaram a embarcação de volta para território indonésio. Vários passageiros do barco recordam-se de que os malaios, enquanto desamarravam o barco, lhes pediram que permanecessem no mesmo sítio, enquanto estes iam resgatar outros barcos na zona.

— Depois disto, levar-vos-emos para a Malásia — disseram.

No dia seguinte, o ministro-adjunto da Administração Interna malaio, Wan Junaidi, admitiu à Associated Press que a Malásia rejeitara a entrada deste barco e do de Hasina em território nacional.

— Temos de passar a mensagem certa: eles não são bem-vindos aqui — declarou.

Falo muitas vezes com Moy, outra noiva adolescente, que passou um mês no mar para se encontrar com o seu marido na Indonésia. A família do noivo era originalmente da mesma vila que Moy, mas fugira à guerra e à pobreza, atravessando o mar e chegando à estação javanesa de Bandung, cento e cinquenta quilómetros a sudeste de Jacarta. Moy tinha dezasseis anos quando os seus pais combinaram o seu casamento e, com apenas dezassete anos, apanhou o barco que a levaria para longe da guerra civil, e da sua mãe. Após a chegada a Bandung, as duas corresponderam-se durante anos, até a mãe de Moy morrer, sem nunca mais ter voltado a ver a sua única filha.

Quando os nacionalistas indonésios começaram a suspeitar de que a comunidade de Moy aderira a uma ideologia radical, gerou-se o medo de que qualquer ligação com o seu país de origem, inclusive correspondência, fosse usada como prova de actividades subversivas. Por esse motivo, Moy queimou todas as cartas da sua mãe. Não foi ela quem me contou esta história; fiquei a sabê-la através da sua filha mais velha, que se lembra de ter assistido a este episódio e que, mais tarde, partilhou essa memória comigo; é isso que as mães fazem com os filhos. Moy era a minha avó. Chegou à Indonésia de barco, vinda da China, em Março de 1947, e também ela sabe o que é não se ser bem-vindo naquele país.

Frequentemente, quando me encontro com refugiados rohingya, eles cumprimentam-me com uma mão, enquanto com a outra me mostram pedaços de papéis arrancados, documentos escritos em birmanês, as letras já meio desvanecidas, que comprovam a sua residência, dos seus pais e dos seus avós em Myanmar. É um movimento mecânico; uma reacção automática de cada vez que se encontram com quaisquer funcionários, como se quisessem dizer: "Veja: eu existo, eu faço parte." E isto faz-me pensar nos formulários administrativos escritos em holandês e indonésio, também já quase ilegíveis, que a minha família ainda guarda em capas de plástico, décadas após nos termos tornado cidadãos australianos.

Entre esse conjunto de formulários, está o visto da minha avó Moy, concedido a 24 de Fevereiro de 1947 pelo consulado holandês no porto de Amoy (agora Xiamen), no Sudeste da China, autorizando a sua entrada nas Índias Ocidentais Holandesas. Dentro da mesma capa de plástico está também um formulário assinado pela minha mãe, a 10 de Julho de 1967, que oficializa a mudança do seu nome de nascença chinês para um nome indonésio, pelo qual ninguém a conhece. Este documento, nos termos do despacho presidencial 127/U/Kep/12/1966, indica que "a alteração dos nomes de cidadãos indonésios de origem estrangeira para nomes nativos ajudará ao processo de assimilação".

Numa primeira leitura, todos os formulários da nossa família parecem inofensivos. As fotografias da minha mãe, bem vestida e penteada, mostram-na com um sorriso quase imperceptível, o único permitido em fotografias oficiais; se fosse um pouco maior, poderia ser uma fotografia minha do anuário do liceu. A mudança de cidadania e nomenclatura chinesas para indonésias parecia um passo natural de assimilação de uma comunidade imigrante.

Porém, o contexto era o seguinte: desde o princípio do domínio holandês na Indonésia que a comunidade de imigrantes chineses, existente desde o século XVI, tinha vindo a ser eliminada do corpo político, de forma mais ou menos violenta, como aconteceu por exemplo em 1740, quando as autoridades holandesas ordenaram o massacre de quase dez mil chineses em Jacarta. Após a declaração de independência da Indonésia em 1949, a política discriminatória de classificação da população etnicamente chinesa enquanto "orientais estrangeiros" manteve-se em vigor, através de legislação que os impedia de fazer comércio em zonas rurais. De forma a poder continuar os seus negócios, a comunidade chinesa-indonésia ficou confinada a guetos urbanos, como o de Bandung, onde a minha mãe cresceu. Em certos casos, chegaram a ser expulsos violentamente das zonas rurais, como quando, em 1965 e 1966, foram mortos milhares de chineses sob suspeita de serem comunistas. Numa tarde em que uma multidão cercou a sua casa, a minha mãe lembra-se de se ter escondido na casa de banho com os seus irmãos. Assim que puderam sair, deram conta de que o carro da família desaparecera. Fora empurrado por uma encosta abaixo e incendiado.

O fumo desse carro queimado e das cartas da minha avó lembra-me hoje as chamas que consumiram as aldeias rohingya em 2012 e nos finais de 2016, quando uma onda de violência sectária no estado de Rakhine destruiu aldeias inteiras, desencadeando uma fuga em massa de rohingya para o mar.

— Não houve bombeiros nem equipas de salvamento. As aldeias ficaram reduzidas a cinzas — contou-me um homem rohingya.

Também ninguém apareceu para apagar as chamas que consumiram o carro da família da minha mãe. Em vez disso, o presidente indonésio Suharto assinou, em 1967, as Políticas Fundamentais para a Resolução da Questão Chinesa: proibia-se a demonstração ou publicação de qualquer tipo de cultura ou literatura chinesas. A importação de objectos que contivessem caracteres chineses torna-se ilícita, e foi nessa altura que a minha avó queimou todas as cartas da sua mãe. Quando o despacho n.º 127 do gabinete presidencial, que sugeria a mudança de nome para a população chinesa-indonésia, não surtiu os efeitos pretendidos, Suharto declarou abertamente que "os cidadãos indonésios de origem estrangeira que ainda possuam nomes chineses são intimados a mudá-los e a substituí-los por nomes indonésios", como podia ler-se no despacho presidencial n.º 240/1967.

No final desse ano, a minha mãe deixou Bandung e entrou na North Sydney Girl's High School, onde decorou suficiente Shakespeare para lhe valer a entrada na Universidade de Sydney no ano seguinte. Foi para a Austrália com um visto de estudante; a sua família nunca requereu asilo directamente mas, se alguma vez o tivessem feito e se tivesse sido eu a analisar o pedido (como fiz para milhares de requerentes de asilo), não teria tido qualquer dificuldade em reconhecer-lhes o estatuto de refugiados, definido em 1951 durante a Convenção das Nações Unidas sobre o Estatuto dos Refugiados: indivíduos com um receio fundado de perseguição por questões de raça e nacionalidade, entre outras. Os formulários meio desfeitos que guardamos em capas de plástico não são registos inofensivos de integração na sociedade indonésia, mas antes ferramentas burocráticas de discriminação. Recentemente, mostrei estes documentos à minha mãe; inclusive um registo, sem utilidade aparente, de quando tinha seis anos, com uma fotografia sua de laço no cabelo. Indignada, perguntou-me retoricamente: "Porque é que tínhamos de estar sempre a assinar estes documentos?"

Estas palavras são idênticas às que os rohingya me dizem, também indignados, de cada vez que o governo de Myanmar os obriga a solicitar novos documentos, a entregar documentos de identificação antigos, a registar as suas identidades ou a participar em exercícios de inspecção. De forma mais ou menos intencional, a terminologia de exclusão foi reciclada: onde os chineses-indonésios eram obrigados a trazer consigo um "Comprovativo de Cidadania", para obterem o passaporte ou registarem o seu casamento, os rohingya eram agora obrigados a solicitar uma "Confirmação de Nacionalidade", para se poderem deslocar à vila mais próxima, pescar ou ir à escola. Mesmo que um dia o governo de Myanmar venha a tentar reconhecê-los verdadeiramente, os rohingya perderam totalmente a confiança nesses processos, que só lhes trouxeram problemas. Sentados em bancos de plástico num pátio em Maungdaw, perguntam-me: "Porque é que havíamos sequer de nos candidatar à cidadania?" E estas pessoas poderiam ser a minha mãe ou a minha avó, a minha tia ou o meu tio, sentados à porta da sua casa em Bandung, há cinquenta anos, a colocar a mesma pergunta.

Mas as semelhanças só vão até certo ponto; a família da minha mãe pôde circular pela Indonésia, gerir lojas de ouro e outros negócios e, em última instância, obter a cidadania indonésia. A minha mãe frequentou boas escolas e teve os documentos necessários, os seus pais eram suficientemente abastados para que ela entrasse numa universidade na Austrália. Foram os chineses-indonésios vítimas de discriminação institucional? Sim. Sofreram tanto como os rohingya nos dias de hoje? Nem perto disso. Além do mais, os documentos antigos da minha família, essa burocracia do racismo, têm cinquenta, sessenta e setenta anos. E até esses documentos — certidões de nascimento, registos escolares e vistos — faltam hoje aos rohingya. Em 2017. A maior parte das crianças rohingya não tem qualquer tipo de certidão de nascimento; não estão aptos a candidatar-se para obter um passaporte, seja de Myanmar ou de qualquer outro país. O visto que a minha avó obteve no consulado holandês de Amoy em 1947 é algo com que Hasina, sete décadas depois, só poderia sonhar, enquanto desmaiava e vomitava incessantemente, no meio do Mar de Andamão.

Hasina chegou a terra sem grandes sobressaltos. Depois de ter sido devolvido pela marinha malaia, o seu barco alcançou fortuitamente a costa norte da região de Aceh, na Indonésia. A 13 de Maio de 2015, uns pescadores de Aceh ajudaram a desembarcar os quinhentos e setenta e oito passageiros, mais tarde acolhidos numa espécie de campo de refugiados nos arredores da cidade de Lhokseumawe, onde conheci Hasina.

Tentar perceber o que aconteceu ao outro barco, aquele cuja direcção fora apontada a duzentos e vinte graus para lado nenhum, é uma espécie de exercício de efeito *Rashomon*, uma comparação entre vários interesses e testemunhos contraditórios sobre a mesma história. Ainda que tenha de facto chegado à Indonésia, é impossível saber-se o número exacto de pessoas que seguiam a bordo. A maior parte das estimativas aponta para um número entre oitocentas e mil pessoas. No entanto, não existe qualquer confirmação oficial por parte de passageiros, apenas palpites de pessoas que passaram meses no mar, à fome. Sendo os passageiros considerados custos irrecuperáveis para os traficantes, não havia necessidade de os contar.

Existem todavia, nos vários relatos, alguns detalhes que coincidem. Quando o barco partiu do Golfo de Bengala, em Março de 2015, os passageiros de três embarcações diferentes, à excepção de cerca de quarenta, foram transferidos para esse barco único. Era cinzento-escuro e tinha pelo menos duas plataformas, situadas respectivamente por cima e por baixo do convés. Pouco tempo após a transferência de passageiros, o capitão do barco abateu a tiro um rohingya, que estava sentado junto à proa. O homem foi envolvido num *longyi*, realizou-se uma cerimónia fúnebre, tendo sido em seguida atirado ao mar. Ninguém soube dizer porquê, mas alguns rohingya explicaram-nos que se tratava de uma superstição, uma oferenda ao mar para apelar à sua misericórdia. O capitão e a sua tripulação abandonaram o barco poucos dias depois deste acontecimento. A fuga coincidiu com a altura em que uma pequena disputa pela água potável remanescente deu origem a uma luta sangrenta, com machados e pés-de-cabra, entre rohingya e bengalis. Os bengalis admitem ter furado o casco; porém, também acusam os rohingya de guardarem a água para si; os rohingya defendem que a estavam a poupar para as crianças. Alguns dizem que os bengalis sabotaram o barco para que todos fossem ao fundo. Outros afirmam que os bengalis ficaram furiosos com os rohingya, por terem dito às autoridades navais que também existiam bengalis a bordo; uma informação que, segundo estes, arruinaria as suas hipóteses de salvamento. Os rohingya defendem que foram mortos apenas rohingya. Os bengalis afirmam que também foram mortos bengalis.

O barco ficou gravemente danificado durante a luta e acabou por se afundar, apesar de no dia 15 de Maio de 2015 um grupo de pescadores de Aceh ter conseguido resgatar oitocentos e vinte bengalis e rohingya. Como ninguém soube dizer o número inicial de pessoas a bordo, não existe forma de saber quantas morreram afogadas ou durante a disputa. No entanto, com base nas entrevistas que fizemos, conseguimos contabilizar pelo menos catorze pessoas, excluindo o homem assassinado pelo capitão.

Os sobreviventes foram levados para um abrigo perto da cidade de Langsa, situada na região oriental de Aceh. Muitos tinham feridas abertas nas costas e no tronco. Entre eles havia sessenta mulheres e duzentas e dezassete crianças, algumas cujos pais tinham morrido afogados. Shahira, uma menina de três anos, estava a morrer com tétano.

Por volta dessa altura, Tony Abbott foi questionado sobre a situação dos rohingya. Abbott, que chegou à Austrália de barco vindo da Grã-Bretanha, foi eleito vigésimo oitavo primeiro-ministro, depois de se comprometer a "acabar com os barcos" de refugiados e requerentes de asilo, que tentavam chegar à Austrália por mar. Qualquer grupo que chegasse a águas australianas era enviado, por tempo indefinido, para "centros marítimos de processamento", situados na ilha Manus, da Papua Nova Guiné, e na pequena ilha independente de Nauru, a quatro mil quilómetros de Sydney. No entanto, os grupos de rohingya resgatados na Indonésia não se aproximaram sequer de águas australianas, nem tinham por objectivo lá chegar. Quando Abbott foi interrogado sobre a hipótese de a Austrália realojar alguns refugiados, terá respondido: "Não, não e não."

Quando Shahira foi finalmente vista por um médico, era já tarde demais. Era também tarde demais para salvar um adolescente rohingya, que apareceu no nosso escritório em Kuala Lumpur, com receio de ser rejeitado pelo hospital local. E foi tarde demais para Mohammed Shohayet, um bebé de dezasseis meses, fotografado morto nas margens do Rio Naf, aquando da fuga à mais recente onda de violência no estado de Rakhine, em Dezembro de 2016. Ou para Alan Kurdi, o menino encontrado um ano antes numa praia da Turquia. Mohammed jaz prostrado na lama, em vez de na areia, com os braços junto à cabeça, em vez de colados ao corpo, com uma *t-shirt* amarela, em vez de vermelha, e descalço, em vez de usar uns sapatos desapertados.

Existem pelo menos catorze mil rohingya na Índia, um dos poucos países onde lhes é conferido uma espécie de estatuto legal, sob a forma de vistos de longa duração. Vários milhares de rohingya terão vindo para Hiderabade, onde trinta por cento da população é muçulmana, à procura de emprego e de uma comunidade tolerante. Com o dinheiro amealhado nos trabalhos de alvenaria e de recolha de sucata, estes rohingya conseguiram improvisar um aglomerado de habitações — bairros de lata, na verdade — interligadas por uma mesma ruela onde, na manhã de 9 de Novembro de 2016, li os resultados das eleições nos Estados Unidos no meu iPhone.

Tinha vindo de um encontro com os chefes de um dos agrupamentos e estava a caminho de uma reunião com os líderes de outro. A minha tarefa era perceber qual fora o percurso da maioria destes rohingya, desde a saída de Myanmar. No entanto, de cada vez que me encontrava com estas comunidades, do Bangladesh à Malásia, a conversa acabava por se centrar em discussões sobre o que poderia ser feito para lhes dar, por fim, uma casa.

Tento ser optimista. Explico que as Nações Unidas continuam a defender a causa dos rohingya em Myanmar e no Sudeste Asiático. Digo-lhes que a comunidade internacional está concentrada em encaminhar Myanmar para uma situação de tolerância, de forma a assegurar que o curso dos acontecimentos terá, de facto, mudado para melhor. Deste modo, ainda que lentamente, os rohingya poderão ser reerguidos das cinzas.

Às vezes gostava de poder dizer aos rohingya para atentarem no exemplo da minha família — para acreditarem que um futuro melhor virá, mesmo que demore setenta anos. Gostava de lhes dizer que arriscaram tudo ao embarcarem, que a minha avó, que também fugiu de barco em 1947, vive agora num lar de idosos em Sydney, com funcionários que falam mandarim e lhe servem refeições chinesas; e que isto é inteiramente subsidiado pelo governo australiano, de forma a proporcionar condições dignas para a velhice de pessoas que sucessivos primeiros-ministros da Austrália discriminaram e consideraram inferiores.

Aos rohingya que permanecem em Myanmar, quero dizer-lhes que, apesar de parecer chinês, de cada vez que me encontro com funcionários em Jacarta sou recebido calorosamente, assim que lhes digo que a minha mãe é de Bandung. Toda a legislação e as normas antichinesas do tempo da minha mãe foram revogadas. O Ano Novo Chinês é agora um feriado público. Jacarta, onde outrora dez mil chineses foram chacinados, elegeu em 2014 um governador de origem chinesa, Basuki Tjahana Purnama, mais conhecido pela sua alcunha chinesa: Ahok.

Alguns rohingya aceitam esta linha de raciocínio, porque não têm outra opção senão serem optimistas. Muitos não o são. Como naquela manhã em Hiderabade, em que um rohingya mais velho chorou abertamente, enquanto me relatava a sua vida, passada em fuga, como prova de que o mundo nunca iria importar-se. Eu não podia, de forma alguma, questionar o seu desespero, mas até àquela manhã sempre acreditei no que dizia, mesmo que muitos rohingya com quem falei não o fizessem. Trabalho nas Nações Unidas; para mim, a lei que rege o cânone moral do universo é a diversidade e a inclusão, resultado de uma postura de aceitação e sensibilidade, e não de isolamento e desconfiança.

Foi junto àquele beco em Hiderabade que, enquanto via Donald Trump ser eleito presidente dos Estados Unidos, me senti um hipócrita: como se tivesse mentido aos rohingya quando lhes disse que tudo ia melhorar, ou que a comunidade internacional estava empenhada em ajudar os refugiados muçulmanos. Donald Trump tornou-se presidente dos Estados Unidos porque milhões de americanos, que se sentem abandonados, vivem assustados com a ideia de a sua raça ser dizimada. Experimentem dizer isto aos rohingya.

Os rohingya, que com toda a razão perderam por completo a esperança, não se deixariam convencer pela história da minha família na Indonésia e na Austrália. Recordar-me-iam do episódio passado em 1998, há escassos dezanove anos, quando indonésios saquearam e violaram chineses nas ruas de Jacarta. Enviar-me-iam por WhatsApp teorias da conspiração sobre uma quinta-coluna chinesa, que se tornaram virais nas redes sociais indonésias nos últimos tempos. E mostrar-me-iam as manifestações dos quinhentos mil indonésios que, em 2016, protestaram contra o governador Ahok, não por causa das suas medidas ou da sua política, mas sim devido à sua etnia e religião; porque acreditam que não devem ser governados por um chinês cristão. Ahok foi julgado em tribunal no mês seguinte, não por questões de corrupção ou fraude, mas por blasfémia — acusado de ofensas ao Corão.

A última vez que fui a Jacarta em trabalho fiquei hospedado num hotel próximo da Câmara Municipal, um edifício monumental que ocupa um quarteirão inteiro. Foi a sede do governo de Jacarta durante mais de um século, e o gabinete oficial de vários governadores holandeses e indonésios. Numa noite em que passávamos diante dela, o motorista do escritório apontou para o edifício, dizendo apenas: "Ahok." E por breves momentos senti orgulho no facto de alguém da comunidade da minha mãe ter sido capaz de ascender a um dos mais altos cargos da sociedade, a mesma que outrora menosprezara pessoas como eu.

Na próxima vez que vier a Jacarta, Ahok já não estará, porém, em exercício de funções. Após ter sido levada a cabo uma tremenda campanha governamental baseada em argumentos religiosos e étnicos, que o *The Jakarta Post* apelidou de "o maior espectáculo político alguma vez realizado no país", Ahok foi exonerado do cargo em Abril. Disse ainda o jornal que a derrota de Ahok "mostrou que um candidato político é agora julgado por causa da sua fé, em vez de por aquilo que fez, ou promete fazer, para melhorar as condições de vida das pessoas". O processo contra Ahok por blasfémia prosseguiu, e a 9 de Maio de 2017 foi condenado a dois anos de prisão.

A próxima vez que passar diante da Câmara Municipal de Jacarta não pensarei na minha mãe, na minha avó, ou no estatuto e bem-estar que elas conseguiram alcançar. Pensarei nos rohingya com quem conversei, de Maungdaw a Aceh, e na transformação dolorosa de um velho ditado deles numa realidade inegável. "As pessoas nunca mudam", dizem-me. "O tamarindo é sempre amargo."

A primeira vez que um rohingya me falou deste ditado foi num restaurante KFC, em Penang, na Malásia, depois de um encontro numa comunidade vizinha de refugiados rohingya (que mais não era do que um conjunto de telheiros decrépitos na berma de uma avenida movimentada). Os meus colegas e eu tínhamos estado a discutir o que este grupo de refugiados nos contara dois dias antes: no dia 9 de Outubro de 2016, um conjunto de militantes rohingya alegadamente invadira os postos de controlo de fronteira em Maungdaw, e matara vários funcionários. Como resposta, o exército birmanês lançou uma operação exaustiva para capturar os militantes. Os rohingya que conhecemos em Penang ficavam exaltados ao ouvir as notícias que chegavam do seu país, através de familiares — aldeias inteiras estavam a ser queimadas, as mulheres, violadas e os homens, mortos a tiro no local. O cenário era devastador.

Tinha visitado Maungdaw uns tempos antes e perguntara a alguns rohingya se ainda faziam tenções de atravessar o mar para chegar à Malásia. Todos concordaram que essa opção deixara de ser possível; todos se lembravam dos barcos (e dos seus familiares) que andaram à deriva, em Maio de 2015, no Mar de Andamão. Os traficantes também já não estavam certos de conseguir evitar as patrulhas fronteiriças, agora reforçadas.

Havia, no entanto, uma centelha de esperança de que a situação em Myanmar pudesse melhorar em breve. No início de 2016, Aung San Suu Kyi, vencedora do Prémio Nobel da Paz, estava prestes a assumir o poder em Myanmar após uma vitória estrondosa do seu partido, naquelas que foram as primeiras eleições democráticas do país, em Novembro de 2015. Uma vez, Saw Myint, um dos meus colegas rohingya, contou-me a história de quando fizera campanha pelo estado de Rakhine, em 1988, juntamente com jovens muçulmanos e budistas, para angariar apoio para o movimento democrático encabeçado por Aung San Suu Kyi, pouco tempo antes de esta ter sido colocada em prisão domiciliária, um cárcere que durou quase vinte anos. Saw Myint relembrava este acontecimento com alguma euforia, como se tivesse sido um sonho — tempos idos em que muçulmanos e budistas partilhavam uma visão comum para o país. Assim, quando Suu Kyi subiu ao poder, em Abril de 2016, embora não tivessem quaisquer ilusões sobre virem a ser automaticamente considerados cidadãos de Myanmar, os rohingya sentiram a sua sorte a mudar. E eu também. Quando ainda estudava na faculdade de Direito, viajei de mochila às costas por Myanmar, nos tempos da ditadura militar. Assim que regressei, iniciei uma campanha de angariação de fundos a favor dos meios de comunicação banidos do país, e redigi pareceres jurídicos que contestavam a detenção arbitrária de Suu Kyi e de vários outros dissidentes.

Não conseguia acreditar na transformação espectacular que Myanmar sofrera na década seguinte: primeiro, a transição para um governo civil e a libertação de Aung San Suu Kyi; depois, o fim das sanções americanas; fotografias de Barack Obama e de Hillary Clinton a abraçar Suu Kyi à porta de sua casa (outrora prisão) em Yangon; e, finalmente, eleições livres e justas que escolheram Suu Kyi para tomar as rédeas da República da União de Myanmar.

Pouco tempo após a sua tomada de posse, Aung San Suu Kyi incumbiu Kofi Annan, ex-secretário-geral das Nações Unidas, de procurar soluções para os conflitos que assolavam o estado de Rakhine, gerando-se, assim, um certo optimismo face à situação dos rohingya. O estatuto de cidadania plena podia não estar no horizonte imediato, mas a extensão da liberdade e das oportunidades e o fim da discriminação pareciam estar próximos.

Nas primeiras horas de 9 de Outubro de 2016, um bando armado de insurgentes, até aí desconhecido, levou a cabo uma série de ataques coordenados a três postos de controlo fronteiriço em Maungdaw. A operação de captura montada pelo exército provocou a fuga de setenta e quatro mil rohingya para o Bangladesh, do outro lado da fronteira.

De acordo com entrevistas feitas a estes refugiados, o Alto Comissariado das Nações Unidas para os Direitos Humanos reportou casos de "violações em grupo em massa, execuções — inclusivamente de bebés e crianças —, espancamentos brutais, desaparecimentos, entre outras violações dos direitos humanos, por parte das forças armadas birmanesas", e que "centenas de casas, escolas, mercados, lojas, madraças e mesquitas rohingya tinham sido incendiados pelo exército, pela polícia, e até, por vezes, por grupos de civis". O governo de Myanmar negou quaisquer responsabilidades no caso.

Dois dias depois dos ataques iniciais, no KFC em Penang, os meus colegas e eu discutíamos o que poderia isto significar para os rohingya. Foi uma conversa desanimadora. A certa altura, Saw Myint e outro colega rohingya trocaram algumas palavras no seu dialecto nativo. Traduziram-nas para os restantes:

— O tamarindo é sempre amargo. Significa que o que é amargo nunca será doce — disseram-nos.

Ao fazermos trabalho humanitário (ou simplesmente porque vivemos na era da internet e estamos sujeitos à ubiquidade de tudo) tornamo-nos forçosamente insensíveis a estes estados de violência generalizada. No entanto, não me consigo habituar ao facto de tudo isto parecer tão medieval, e até ancestral. Há quatro séculos, Shakespeare escreveu sobre a nossa "desumanidade monstruosa" para com os refugiados, e ainda hoje seres humanos são sacrificados e homens famintos chacinam-se uns aos outros em alto mar, ao longo do Estreito de Malaca. Viajantes em busca de uma nova vida nos países antípodas são largados em ilhas desertas a milhares de quilómetros de distância. Populistas da América do Norte e da Europa Central planeiam construir muros enormes para afastar intrusos. Nas encruzilhadas da Europa e da Ásia, refugiados fogem da guerra em aviões, mas escapam-se com coletes salva-vidas para atravessarem a mesma rota que Ulisses fez até Lesbos. E um rapazinho que perdemos durante este caminho — mesmo no início —, e que se esqueceu de apertar os ténis, jaz num suave repouso, após o seu último suspiro.

Estes momentos, estes movimentos são tão anacrónicos quanto intemporais. Somos, por natureza, seres territoriais e nómadas; criaturas de conforto, mas também de aspirações. E não sei se isto me deixa esperançoso ou desolado. Não sei se terá havido outro momento no mundo em que tanta gente, em simultâneo, se debatesse com a mesma questão: fechar as portas ou abri-las, virarmo-nos para o mundo ou virarmos-lhe as costas? A Alemanha respondeu de uma forma e a Austrália, o país onde nasci, respondeu de outra. No Sudeste Asiático, onde trabalho, os países que tentam abrir as fronteiras são impedidos pelos países vizinhos, que sempre se conheceram fechados. E nos Estados Unidos, o país onde estudei, ouvimos o clamor (ou os gritos) do autoproclamado Líder do Mundo Livre, sobre o quão livre deve ser esse mundo e sobre quem é que pode fazer parte dele.

Achei que todos poderíamos pertencer; que esse era o objectivo da liberdade, da luta pelo progresso: para que pudéssemos legar o mundo inteiro aos nossos filhos. O que há de errado em querermos ser globais e excepcionais? Em querermos ser cosmopolitas e os melhores naquilo que fazemos? Os meus pais escaparam aos senhores da guerra na China e aos extremistas na Indonésia para irem atrás de algo melhor, quer para eles, quer para mim. Lavaram pratos em Chinatown e enfrentaram homens terríveis em salas de reuniões, para que eu pudesse frequentar escolas internacionais em três continentes e viesse a trabalhar nas Nações Unidas, a ajudar aqueles que não tiveram as mesmas oportunidades. Não terá sido esse o caminho certo? Ao longo da vida, fui levado a crer que me poderia sentir em casa em qualquer sítio. O meu passaporte das Nações Unidas oficializou essa crença, mas sempre achei que era um cidadão do mundo.

— Se achas que és um cidadão do mundo — disse Theresa May recentemente, —então na verdade és um cidadão de lado nenhum.

Se é isto que eu realmente sou — não um protótipo novo, mas apenas um desvio temporário, o último de uma linha experimental que será em breve descontinuada —, qual foi então o propósito de tudo isto?

O tamarindo é sempre amargo, dizem os rohingya. Bem o sabem. Sabem-no melhor do que eu, do que qualquer outra pessoa, o que é ser-se cidadão de lado nenhum, em risco de se ser descontinuado. ■

[As opiniões expressadas no texto pelo autor não reflectem necessariamente as do ACNUR ou das Nações Unidas.]

Originalmente publicado na *Granta* 138, Junho de 2017.

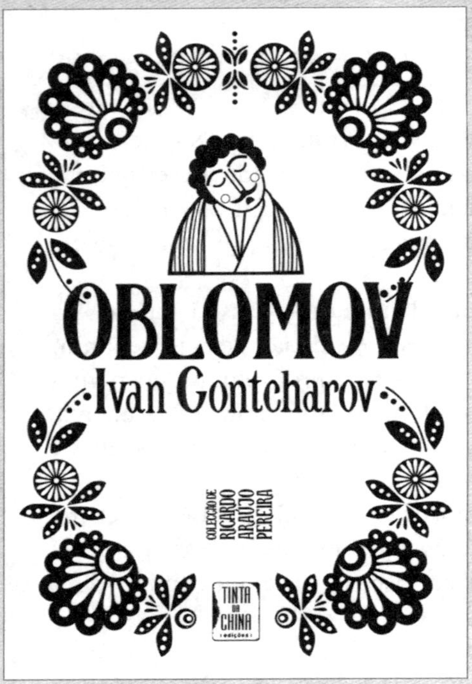
OBLOMOV
Ivan Gontcharov
COLECÇÃO DE RICARDO ARAÚJO PEREIRA
TINTA DA CHINA edições

OS CADERNOS DE
PICKWICK
Charles Dickens
COLECÇÃO DE RICARDO ARAÚJO PEREIRA
TINTA DA CHINA edições

O BOM SOLDADO
ŠVEJK
Jaroslav Hašek
COLECÇÃO DE RICARDO ARAÚJO PEREIRA
TINTA DA CHINA edições

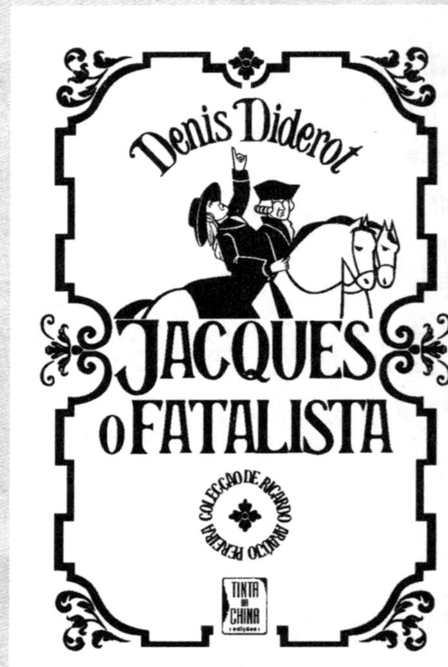
Denis Diderot
JACQUES O FATALISTA
COLECÇÃO DE RICARDO ARAÚJO PEREIRA
TINTA DA CHINA edições

LINHA DO CONDADO

Rita Lino

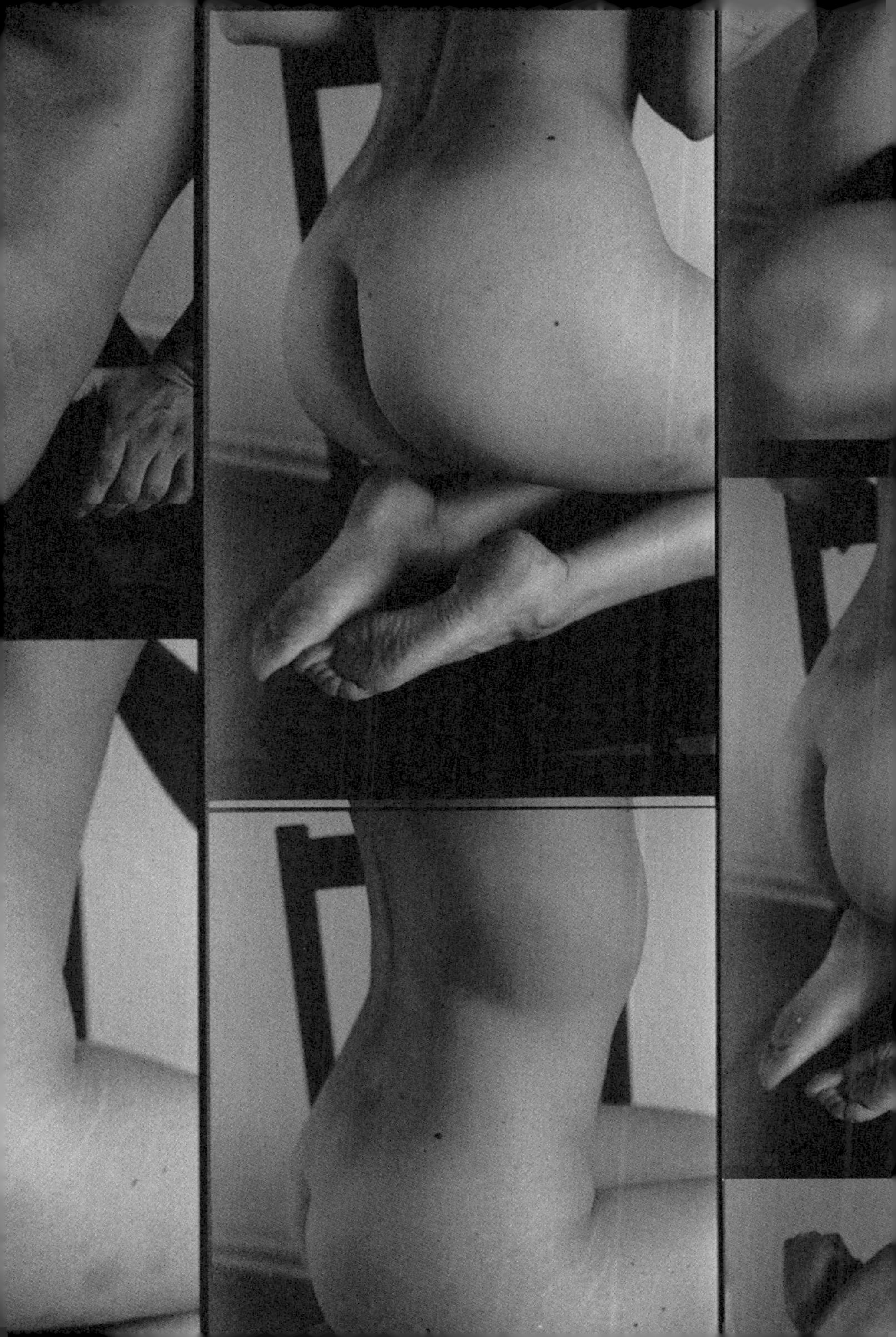

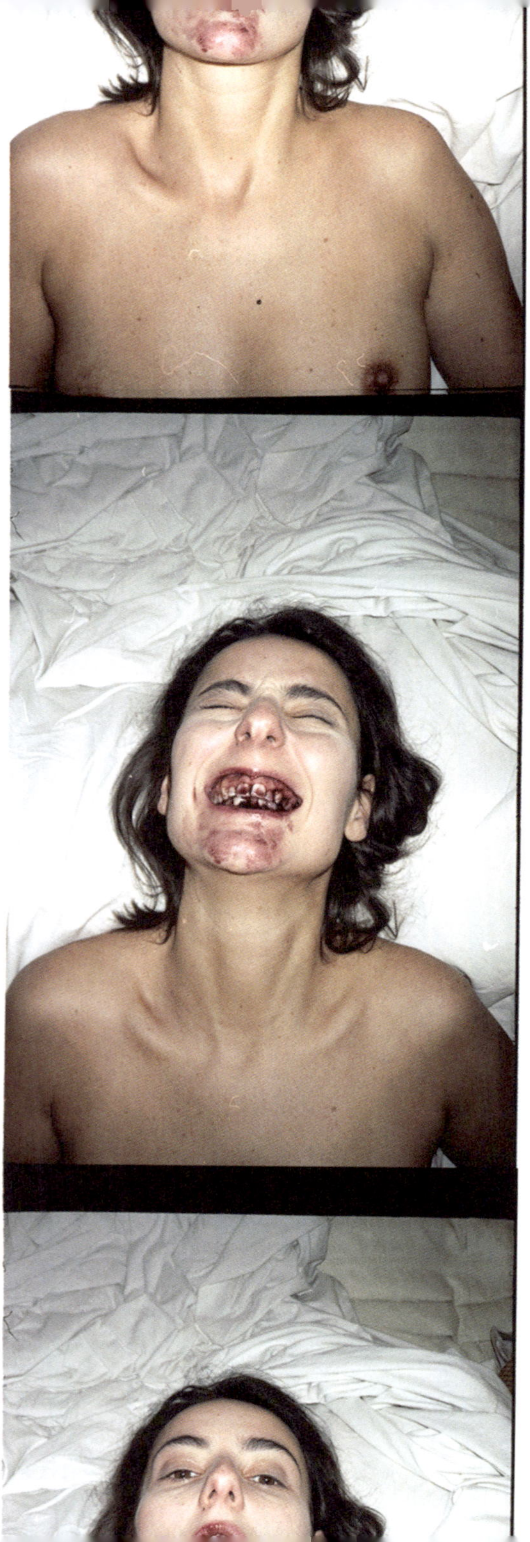

AABCBG
FUJI
4
PRO160C

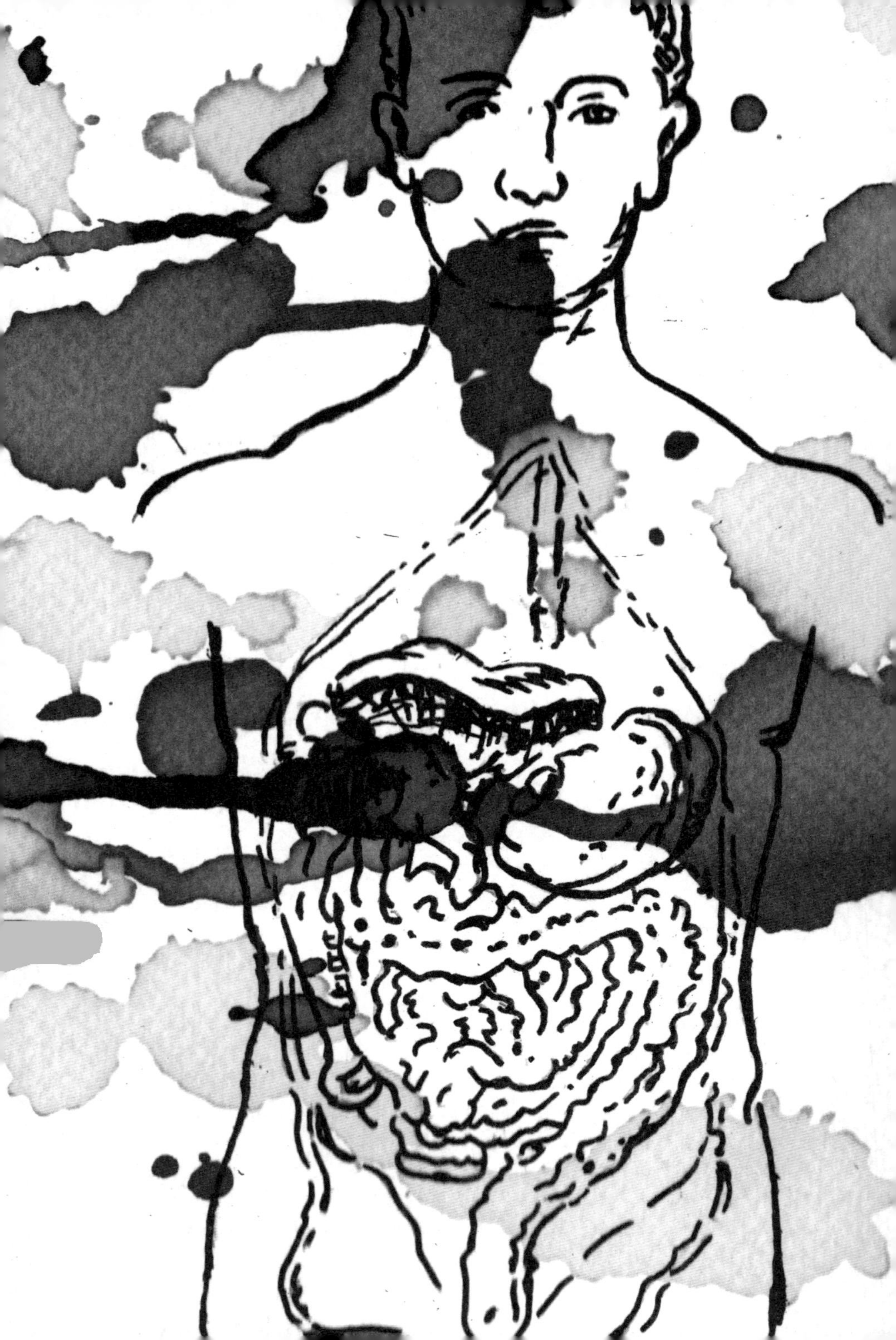

A OCUPAÇÃO

Julián Fuks

1

Todo homem é a ruína de um homem, eu poderia ter pensado. Aquele homem que se apresentava aos meus olhos era a encarnação dessa máxima, um ser em estado precário, um corpo soterrado em seus próprios escombros. Essa impressão não viria do pescoço fino, do torso esquálido, das pernas retorcidas sobre a cadeira de rodas, mas sim de um aspecto menor, circunstancial: o homem era nesse instante uma ruína de homem porque estava completamente embriagado. Soube pelas palavras repetidas, pelas frases truncadas, pela voz que era também a ruína de uma voz. Não olhei seus olhos, em seus olhos não cheguei a procurar a minha própria imagem.

Poderia ter pensado, mas não pensei porque caminhávamos juntos, ela e eu lado a lado, cruzávamos rumo ao centro aquela cidade que julgávamos nossa. O homem interpôs à nossa passagem aquele entulho de cadeira de rodas e pediu, com gentileza inesperada, que o empurrássemos até o fim da rua. Nem precisei consultá-la nesse caso. Assumi as duas hastes às costas do homem e batalhei as rodas contra a precariedade da calçada para enfim lhe dar a direção precisa.

A meio caminho o homem nos deteve com um amplo meneio do braço. Podia chegar mais tarde à esquina, o que queria agora era tomar uma cachaça no boteco ao lado. Pedia que lhe comprássemos essa cachaça. Aqui é possível que tenhamos, ela e eu, trocado olhares. O homem estava bêbado demais, uma cachaça poderia turvar a pouca consciência que lhe restava, uma cachaça haveria de ser uma inundação sobre seus destroços. E no entanto era evidente, devemos ter pensado, que este homem levava uma vida de dores inimagináveis, dores pessoais ou familiares, dores físicas ou anímicas, dores que mereceriam sua diluição derradeira na quantidade máxima de álcool.

Juntos deixamos o homem na calçada e nos perdemos penumbra adentro naquela ruína de bar. Tinha já a cachaça na mão esquerda, na mão direita minha única nota de cinco reais, quando ouvi que alguém dirigia a ela a palavra, alguém mais tinha algo a nos pedir. Era um menino novo demais para ser uma ruína de menino, para ser sua própria ruína. Tinha sede, foi o que disse com sua voz aguda, pedia apenas que lhe comprássemos um suco qualquer. Irrecusável era o pedido, irrecusável aquela verdade, mas eu não pude senão sentir que havia algo indecoroso na troca óbvia, alguma imoralidade em romper a promessa que fizéramos ao outro, em deixar que a necessidade do menino se impusesse à vontade do homem. Na penumbra o olhar dela me era inacessível, e por um instante eu senti, embora nada tenha dito, que a palavra que dissesse seria a minha ruína.

2

Não pensei se o homem era a ruína do homem quando cheguei para ver meu pai. Não pensei em nada. Vi seu corpo sendo empurrado sobre uma maca, ouvi as rodas que guinchavam contra o piso do corredor, observei o semblante sério dos enfermeiros que o transportavam. Nas sombras que se projetavam nas paredes do hospital, sua silhueta parecia adquirir uma dimensão extraordinária. Estava crescido meu pai, como se o mal que sofria expandisse seus contornos, como se o infortúnio aumentasse o espaço que ele ocupava no mundo. Só mais tarde a médica explicaria, apertando com dedos rijos aquele braço enorme: o pulmão perfurado deixava vazar o ar que ele aspirava, e o ar se difundia sob a pele produzindo um inchaço geral.

Nas costas da minha mãe não senti semelhante inchaço. Enquanto a abraçava, as mãos espalmadas sobre suas escápulas, senti exatamente o contrário, como se aos ossos faltasse a carne, como se nada abraçasse. Minha mãe era naquele instante uma mulher mais mirrada que o normal, um corpo esguio demais para aceitar o meu afago. Separamos os nossos corpos como se nada separássemos, e eu quis lhe dizer algo que ao fim não me ocorreu. Havia alguma rigidez em suas feições, alguma rispidez em sua voz, e eu a conhecia o bastante para decifrar aqueles sinais tão módicos. Em minha mãe, a impaciência que lhe era tão rara encobria as incertezas, o mau humor servia para ocultar a fragilidade.

Passei a noite sozinho no hospital, embora sozinho não seja a palavra exata. Alguém já definiu a solidão como uma ausência benquista de olhares, mas não naquela noite. Naquela noite, os quadrados de vidro na porta do quarto eram dois olhos que me espiavam, que me roubavam a intimidade sem me fazer nenhuma companhia. Meu pai adormecido também não me fazia companhia; por vezes um homem que dorme pode ser a mais profunda das ausências. Minha solidão naquela noite era o temor da solidão, o temor de ver convertido em vazio aquele espaço maior que ele ocupava agora, no mundo, no quarto, em mim.

De madrugada, sem conseguir dormir, aproximei minha poltrona de sua cama. Pressionei o dedo contra o braço volumoso e senti uma maciez inesperada, e observei o contorno branco do dedo marcado na pele vermelha. Aquele ar não era o problema, aquele ar se dissiparia com o tempo, dissera a médica. Um aparelho ruidoso já cuidava de extrair o excesso de vazio em seu corpo, o vento que o invadia e o separava de suas próprias células. Parece um sapo assustado, alguém dissera. Parece um sábio chinês. Eu rejeitava qualquer noção que o removesse de seu próprio ser, ou do ser que eu via nele, qualquer descrição que fizesse dele outra coisa senão meu pai.

O aparelho continuava a cumprir sua função, ruidosamente. Ainda assim me vi a arrastar a palma da mão pelo seu antebraço, seguidas vezes, pensando que assim avivava seus poros, evanescia o vento invasivo que o afastava de si mesmo.

3

Disseram que você escreve sobre exílio, sobre vidas desgarradas, sobre árvores cujas raízes estão fincadas há milhares de quilômetros, ele disse em seu sotaque áspero, sua rouquidão agravada pela estática do telefone. Sim, já escrevi sobre um exílio, foi a única parte da frase que me atrevi a confirmar, enquanto tentava assimilar a estranheza daquela imagem, a árvore monstruosa que não perdera suas raízes mesmo quando brutalmente decepada. Teria insinuado uma ressalva, creio, teria dito que às minhas palavras essas distâncias sempre escapam, que tenho escrito sobre coisas próximas e pessoais, mas não pude contrapor minha hesitação à sua assertividade. Sua voz parecia retumbar de dentro da estranha árvore: Tenho uma história para lhe contar, me encontre no Hotel Cambridge, oitavo andar.

Agora eu me via, então, diante daquele homem que sem nenhuma efusão abria passagem, um rosto lívido a me receber em sua casa com um mero desfalecer das pálpebras. Não, cruzar aquela porta, eu compreendia, não seria conhecer a sua casa. Nada de próprio se refletia nos domínios daquela escassez, nada de pessoal nos poucos objetos distribuídos com sobriedade. Um único manto atravessado sobre o sofá, um manto vermelho de padrões orientais, rompia com sua cor a austeridade, mas até um manto tão vívido e tão vermelho empalidecia na mansidão cinza daquele cenário. Sobre o manto vermelho nos sentamos, eu tratei de calar estes pensamentos, ele se pôs a falar.

Seu nome era Najati, vinha da Síria, estava exilado em São Paulo havia poucos meses, embora ninguém lhe autorizasse a palavra, embora não contasse com a solenidade do exílio, embora lhe faltasse a distinção oficial. Najati era um refugiado, um entre cinco milhões de expatriados sírios. Um entre muitos a vagar pelo mundo com as mãos nos ouvidos, ele disse, a abafar com as mãos o ruído das bombas que explodem ao longe, ele disse, que nunca cessam de explodir. Vinha da Síria, vinha de Homs, vinha de uma casa escondida por laranjeiras. Ao pé de uma laranjeira despediu-se dos filhos que empilhariam pedras no Qatar. Ao pé de uma laranjeira viu pela última vez sua mulher, que hoje só ouve as bombas, já não ouve as laranjas caindo na terra seca. O aceno de sua mulher cada vez mais distante na névoa seca, na poeira, ao pé de uma laranjeira, foi isso o que viu pela última vez quando a viatura virou a esquina.

Este foi o meu crime, ele disse, e na tela de seu celular pude vê-lo pela primeira vez enérgico, rejuvenescido — a sequência de seis minutos que eu voltaria a assistir tantas vezes sozinho, fechado em meu escritório, a ouvir com atenção aquele idioma incompreensível, sem entender por que o fazia, por que ainda o faço nas tardes livres. Najati no centro de uma praça circular, em cima de um palanque improvisado, cercado de todos os lados por uma vastidão de mantos brancos e vermelhos, cabeças movediças, braços erguidos a aplaudi-lo ao fim de cada frase mais intensa. Foi em 2012, era primavera — explicou o Najati envelhecido quando o primeiro nada mais pôde dizer. Foi numa tarde de primavera, o princípio da esperança e o princípio do fim, na mesma tarde, ao mesmo tempo, indistinguíveis.

Do relato que se seguiu, sobre os anos que passou num pavilhão apinhado de criminosos comuns e prisioneiros políticos, igualmente indistinguíveis, sobre sua libertação intempestiva desde que partisse de imediato do país, com o que restava de suas roupas e suas fibras, do relato que se seguiu guardo comigo sobretudo o gosto amargo do chá que ele me ofereceu. Não parecia razoável pedir uma colher de açúcar em meio àquela narrativa, interromper sua descrição dos golpes insistentes que deixaram marcas em seu corpo, e do pânico dos outros, na noite alta, enquanto atravessavam o imenso mar num bote mínimo. Não sei por que me parece razoável interrompê-lo agora, falar do chá, falar do açúcar, e não me perguntar se os sulcos agudos que enxergava em seu rosto, rugas como rios profundos, não eram marcas das mesmas sevícias, e se o mesmo pânico não se esconderia em seus olhos sob as pálpebras caídas.

Ali, com o olhar a oscilar entre o rosto corado e o manto vermelho, entre o rosto obscuro e a obscuridade do chá, ali só o que eu me perguntava era o que aquele homem podia esperar de mim. Que ínfimo ganho em confessar ao sujeito que eu era para ele, estrangeiro e desconhecido, o seu desterro, o seu deserto íntimo? Que palavra impossível lhe daria algum alívio, um conforto estéril? Ou ele queria para a sua história um autor, e era essa a sua esperança, o meu fim? Ali, já incapaz de calar os pensamentos, não sei se cheguei a pensar no homem da cadeira de rodas, ou em meu pai, não sei se cheguei a pensar enfim que todo homem é a ruína de um homem. Sei que o vi através da névoa seca dos meus olhos, o vi pela primeira vez, e pensei pela primeira vez que aquele não era um homem, que aquilo não era um homem, era tão só as suas ruínas. ■

LE COSE BELLE

Teresa Veiga

Aquela clínica, instalada num edifício de pedra branca sabiamente inserido num jardim à japonesa com árvores anãs e arbustos estilizados prontos a saltar para o interior de uma jarra e daí para as páginas de uma revista de decoração de interiores, mas também com seixos rolados e fragmentos de rocha polida, tudo envolvido num abraço cósmico e numa espécie de acasalamento viril, era como uma catedral onde se vai rezar ao chefe de topo da hierarquia que conceda um pequeno milagre, com muitas mais hipóteses de bom sucesso do que seria de esperar se por razões financeiras fôssemos bater à porta dos seus congéneres parentes pobres, os labirínticos e tortuosos hospitais civis.

Era uma clínica pró-vida, que tinha como modelo de sociedade humana a célula familiar e como modelo de família a família numerosa e que na sua luta contra a esterilidade e a infecundidade desenvolvera tratamentos de excelência com uma taxa de sucesso de noventa e nove por cento, mas o seu conceito amplíssimo abrangia não apenas a função reprodutora mas tudo o que tem a ver com a sexualidade, considerada como fonte de ordem e legítimo prazer desde que respeitasse certos pressupostos sem os quais caía sob a alçada do direito canónico e passava a ser perversão e pecado.

O seu director, o Dr. Pascual, de cujo nome derivava a designação de Clínica Pascualina — a que se sobrepunha a "dos mirtilos", por causa da fé inquebrantável do médico no poder dos frutos vermelhos, ou, por razões óbvias, "do amor" —, um médico italiano de origem magrebina que ganhara renome a combater com êxito as epidemias que ameaçavam os prostíbulos de Roma, demorara algum tempo a alargar o leque de serviços àquelas que pretendiam livrar-se de um filho indesejado, mas as leis do mercado e a consciência de que se entrara num caminho irreversível levaram a melhor sobre as suas hesitações.

E o improvável aconteceu.

Mulheres que chegavam à clínica com a fisionomia fechada e agressiva de quem não vai ceder um milímetro sobre a bondade das suas decisões, acolhidas calorosamente como peças essenciais no complexo xadrez em que se jogava a vida humana por uma equipa de psicólogos treinados em trazer à tona as motivações mais ocultas da paciente e desmontar todo esse complexo puzzle em peças ínfimas para lhe permitir reconstruir todo o edifício desde a raiz, entravam num processo de deliquescência em que à dúvida se sucedia a certeza de sinal contrário e não só levavam a gestação até ao fim como bisavam e trisavam, justificando o aforismo preferido do Dr. Pascual: "Não há maus doentes, só há maus médicos."

Outras vezes o médico percebia logo a inutilidade de bater a uma porta sem chave nem fechadura e actuava como um dentista perante um dente infectado ao qual não resta mais do que a extracção. Felizmente que por cada insucesso se contavam dez vitórias retumbantes.

Tome-se, por exemplo, o caso de Lídia.

Apresentara-se acompanhada pela mãe e desde a primeira entrevista demonstrara uma capacidade de opinar muito superior à expectável para os seus quinze anos.

Lídia engravidara de um homem que podia ser seu pai, professor num curso de artes decorativas de que ela fora aluna brilhante. Para piorar as coisas, a menor servira de modelo para nus e posara em atitudes lascivas.

A diferença de idades, a relação de poder mestre/aluna, o aproveitamento do corpo dela para fins mercantis davam aos pais boas razões para levar o caso a tribunal, convictos de que não deixaria de impressionar vivamente os juízes e de que o infractor seria severamente punido em julgamento.

Nestas circunstâncias o aborto era a única forma de salvar a face das pessoas envolvidas e fazer cair no esquecimento o que tinha de ser esquecido.

Não pensava assim Lídia, que contrapôs que se tivesse vinte anos e não quinze a sua história não teria nenhuma relevância jurídica.

A equipa do Dr. Pascual sustentou a argumentação da jovem e apoiou-a até ao fim. Aliás, o relatório produzido pela clínica foi a peça determinante para ela ganhar o pleito, numa decisão que ficou histórica.

Este episódio, que pela sua visibilidade alguns classificaram como uma estratégia de marketing, reforçou o prestígio da clínica e aguçou o apetite de investidores estrangeiros para os quais a saúde e o luxo são duas realidades que andam de mãos dadas.

Se nunca fora uma clínica clandestina, o seu problema era agora o oposto: defender-se das más imitações e esmagar a concorrência à escala mundial.

Ali não se viam enfermeiras vestidas como cartas de jogar que soltam gargalhadas reunidas em grupinhos ou deslizam em slippers com o olhar horizontal, mãos enfiadas nos bolsos e ares de quem se acha competente por direito divino, ainda que a competência fosse o principal requisito exigido a quem quisesse trabalhar naquele santuário.

Tanto as enfermeiras como as recepcionistas passavam por um crivo apertado e os seus dotes físicos eram testados através de parâmetros inspirados nas provas de selecção para hospedeiras do ar e monitoras em centros de talassoterapia e casas de massagens de relax. Isto porque sondagens orientadas pelo director da clínica tinham concluído que, ao vê-las, as aspirantes a grávidas libertavam endorfinas que estimulavam indirectamente o aparelho reprodutor e as grávidas ficavam com vontade de expulsar os fetos o mais depressa possível para voltarem a ser leves e espalmadas como dantes, imaginando-se a folhear revistas com os modelos para a nova estação ainda instaladas nas camas de parturientes.

Os maridos também tinham palavras de apreço para as enfermeiras, que viam como estrelas de um filme glam-porno, com as suas toucas brancas com asas laterais desenhadas por Lacroix, bata branca ligeiramente entreaberta para deixar entrever o lançamento da perna desenhada num collant elástico, pés de junco enfiados em sabrinas, um estojo de glosses Dior pendurado do cinto para que os lábios tivessem sempre uma coloração de saúde, enquanto as mãos, na sua nívea nudez, mergulhavam obrigatoriamente de dez em dez minutos numa solução asséptica que saía de torneiras instaladas em bacias em forma de concha como preciosas pias baptismais, para que nenhuma bactéria encontrasse guarida numa prega da pele, pondo em risco um só cabelo das pacientes.

A apresentação também não era negligenciada entre o corpo clínico, embora obedecendo a padrões muito mais elásticos e intemporais. Homens e mulheres, mais jovens ou menos jovens, qualquer que fosse a cor da epiderme, o peso ou a altura, tinham dentes brancos e um sorriso insinuante, a voz grave e bem timbrada, e uma capacidade de empatia universal tão capaz de exprimir-se por palavras como por oportunos silêncios. Nas suas largas calças brancas e túnicas sem enfeites de esmerilada brancura, a diferença entre os sexos deixava de ser tão óbvia, o que, longe de os transformar num terceiro sexo indefinido, apenas acentuava a sua pertença a uma seita peculiar, com seus ritos e cerimoniais próprios, como a dos monges e freiras.

Depois de aporem a assinatura no respectivo processo e serem cumprimentadas pelo comité de boas vindas, as aspirantes a mães, as futuras mães e as que não se encaixavam nestes dois perfis aguardavam pela chamada em salas de espera separadas, onde tudo tinha a função de as relaxar e desencadear nas suas mentes associações agradáveis, desde os sofás anatómicos aos ecrãs de televisão por onde desfilavam paisagens de sonho, cada uma mais encantadora do que a outra, à música zen, às bebidas que uma máquina fornecia à discrição e eram cocktails de vitaminas com todos os aromas possíveis, a verbena, a rosas da Bulgária, a frutos silvestres.

Apesar de todas pertencerem, por força dos preços praticados, a uma clientela de elite, as futuras mães não saíam muito do padrão clássico quanto às expectativas que punham nos seus rebentos, embora as suas conversas, enquanto confraternizavam no amplo ginásio onde executavam sob a supervisão de mestres de ginástica os exercícios aconselhados ao seu estado, as fizessem parecer dotadas de uma valentia que afinal era apenas reflexo e consequência da sua ilimitada confiança no corpo médico e paramédico da clínica.

— Eu só sei que durmo como se tivesse sono de três dias e quando acordo a criança já está ali.

— Adorei o método e volto sempre. Com este vai ser o quarto, minto, o quinto parto que devo ao Dr. Pascual.

— Para barbárie e sadismo já basta o que se vê nos filmes. O corpo de uma mulher não é um altar de sofrimento. Sabiam que há hospitais em que logo que sai o feto esmagam a barriga da mãe com um saco de areia?

— E depois ainda se admiram com a desertificação do planeta. E que as mulheres troquem os filhos por uma viagem a Cancún.

— E afinal o Dr. Pascual cobra apenas o preço de duas viagens a Cancún.

— Mas a verdade é que as crianças quando crescem tornam-se cada vez mais caras. Não é como tomar de assalto as lojas por altura do Natal.

— Depende. Hoje, com todas as facilidades que existem, os filhos dos pobres podem chegar ao topo sem ter de pagar fortunas em colégios privados.

— É verdade. Até em África. Vi na televisão. Todos satisfeitos, com bom aspecto, cada um com a sua tarimba, uns ténis rotos e um caderno estraçalhado. O que é preciso é ter vontade.

— Mas será que vai haver dinheiro para pagar tudo isto?

E assim todas as suas dúvidas e os pensamentos mais íntimos eram expostos sem falsos pudores, porque não tinham nada a esconder e se sentiam submersas numa onda de fraternidade.

Stella, uma estreante na clínica, sentia-se um bocadinho como a convidada fora do contexto, e não acompanhava as ideias que saltavam à sua frente como bolas de ténis, incapaz de digerir tanta informação.

Estava preocupada, mas não era por causa do parto. Era porque tinha encomendado gémeas, pelo menos uma menina, e na última ecografia tornara-se evidente, sem margem para dúvidas, que, ou por falha no sistema ou porque o marido entrara num acordo secreto com o médico, ambas as crianças eram rapazes.

O marido bem quisera fazer-lhe uma lavagem ao cérebro usando de todas as artimanhas de um homem apaixonado e convicto da sua razão, mas ela resistira e quisera acreditar até ao fim que ele acabaria por ceder ao menos em metade. E no entanto os sinais estavam à vista e eram preocupantes.

No quarto de crianças, amorosamente preparado para receber os dois pequenos ocupantes, as paredes tinham sido pintadas com florestas aprazíveis e bonecos da Disney simulando um lá fora, mas o que enchia as prateleiras dos móveis era, além dos bonecos de pano e de borracha aconselhados aos lactentes, frotas de carrinhos de corrida, alguns telecomandados, bolas, raquetas, um acampamento de índios e o forte dos soldados da União, jogos de azar e jogos de inteligência, pistolas, um par de luvas de boxe e até um astrolábio e um computador, enquanto algumas bonecas de porcelana, rijas e hirtas, com os braços estendidos em tom de ameaça, pareciam ter por função assustar as meninas e dar-lhes vontade de mudar de sexo.

Mas não se ficava por ali. Mostrava-lhe estatísticas que põem as mulheres quase afastadas dos postos de comando, em minoria nos lugares de chefia, perguntava-lhe se queria que a sua menina fosse escolhida para ir para a embaixada no Iraque ou ameaçada por um assassino em plena sessão de julgamento.

Stella não tinha a certeza de perceber os traumas secretos escondidos nos temores dele mas o seu instinto de mulher dizia-lhe que a vida lhe reservava alguns desgostos.

Usando da sua arma mais poderosa, beijava-o e dizia-lhe com todo o mimo na voz: mas se me quiseste a mim quando podias ter escolhido um homem!

Ele sorria de tanta inocência.

— Pois se fosse um homem com a tua aparência teria gostado de ti na mesma.

— Fico contente por saber que és pela igualdade dos sexos. É que tinha receio de que fosses um bota-de-elástico, um desses que no fundo rejeitam a autonomia da mulher e se regem pelos antigos postulados do direito romano que colocam a mulher sob a alçada do homem.

— Deixa-me dizer-te que em quase tudo sou muito mais pela emancipação da mulher do que tu. Vou ser franco. Tenho tido sonhos em que regrido à infância e me vejo a brincar com o irmão que nunca tive como se esse irmão ambicionado viesse do futuro para se juntar a mim e juntos saltássemos todas as etapas da vida. Imagino os triciclos, os patins, mais tarde as bicicletas, a primeira motorizada, as tardes de bola, as artes marciais, a pesca submarina, o raft, tudo vivido a dois, tudo manejado por dois pares de mãos ousadas, e a cada dia que passa já não me contento em imaginar, vivo isto como se fosse uma realidade. Ora se tivéssemos uma filha estaria a transformá-la num homem.

— Que seria uma obra-prima da criação. Uma mulher que não tivesse nada a invejar ao sexo oposto mantendo os atractivos do seu sexo, que glória para a humanidade!

— Não me interessa o que dizem os sábios. Desejaste-me, tens-me, e eu sou assim.

— Vês? A tua teimosia provocou-me as dores de parto.

Efectivamente, à volta das pernas de Stella formava-se um lago de água transparente com aspecto de linfa, algo de cerúleo e perlífero que parecia contido entre margens invisíveis.

Stella fez soar um pequeno guizo atado ao pulso e apareceram imediatamente dois maqueiros que a ajudaram a subir para a maca e deslizaram usando as botas de feltro como patins com a suavidade de quem empurra um trenó sobre um manto de neve, neste caso o chão marmoreado.

O marido acompanhou-a até à sala do segredo, assim chamada porque a parturiente nunca chegava a saber como era, pois logo à entrada o seu rosto era tapado com um lenço embebido num narcótico fabricado a partir de uma substância balsâmica, que proporcionava, conforme a concentração julgada necessária, uma a duas horas de esquecimento e prazer.

Fechada a porta à prova de som, decorreram três quartos de hora em que a vida seguiu o seu rumo banal, indiferente ao nervosismo recalcado do marido.

Finalmente a porta abriu-se e recortou-se nela a silhueta do médico. Ao retirar a máscara viu-se que tinha uma expressão neutra, passível de todas as interpretações. Afinal não era mau prenúncio. Apenas se esquecera por momentos de fazer a cara pós-parto, amistosa e cansada, o que prontamente corrigiu. Deu-lhe os parabéns duas vezes, uma por cada filho, uma velha graça adoptada desde que a clínica abrira as portas.

Ele correu em delírio para junto da mulher.

— Agora, minha querida, podemos começar a pensar na menina quando quiseres.

— Repara como são exactamente iguais.

— Sim, como duas pérolas falsas.

— Não achas que estás a ofendê-los?

— Não faltam colares falsos que fazem mais vista que os verdadeiros.

— Adeus Dafne e Cloé! Já não vou poder chamar-lhes assim.

— Confessa que soa melhor Rómulo Augusto e Túlio Constantino. Tens dores?

— Um ligeiro formigueiro no baixo-ventre.

— E sangue?

Ela levantou o lençol e espreitou entre as pernas.

— Quasi niente.

Stella estava orgulhosa e comovida. O marido, sem deixar de levar a sua avante, andava à volta dela como um zangão à volta da rainha e ela tinha a vida inteira à frente para o fazer pagar caro o abuso e a prepotência.

Divergências destas entre marido e mulher eram às dezenas, mas a sageza do corpo clínico e a atmosfera hollywoodesca destinada a amolecer vontades faziam com que a reconciliação se instalasse ainda antes de constituir problema, pelo que nunca acontecia uma cliente abandonar a clínica medianamente satisfeita ou com algum "se" ou "mas" entalado na garganta.

A vontade de expansão fez com que a clínica promovesse cursos de mecânica do amor, com aulas práticas e teóricas, que iam do treino das competências básicas aos refinamentos mais elaborados do erotismo oriental.

O Presidente da República, homem de mentalidade aberta e adorado pelo povo, referiu-se, num discurso em que abordou a questão demográfica, ao acto sexual como "una cosa bella" e elogiou aqueles que trabalhavam em prol de uma melhor sexualidade, sem referir nomes mas lançando pistas que iam dar à clínica do Dr. Pascual, que por esse motivo começou a ser conhecida como "Le Cose Belle" e reverenciada como um pilar da Nação.

Nem tudo, porém, era um mar de rosas, e a ameaça de escândalo também pairou sobre a clínica até a nuvem negra se afastar, soprada para outras paragens pela acção aleatória do tempo.

O Dr. Moritz fora uma preciosa aquisição pelo seu curriculum que cobria várias páginas, e a popularidade que rapidamente granjeou só não sofria o reverso do castigo aplicado àqueles que se distinguem numa área fortemente competitiva porque não tinha existência visível para lá das fronteiras do seu gabinete.

Fisicamente, Moritz era um batráquio. A andar, ou quando cumprimentava de pé as pacientes, só se distinguia a cabeça nevada de alguns flocos esvoaçantes e os chanatos castanhos, no topo e na base de uma massa cilíndrica em forma de pião. Sentado, sendo de baixa estatura, a sua cabeça emergia do tampo da secretária como a do médico Douban, e as doentes tinham de fazer um esforço mental para reconstituir a imagem icónica a que se tinham afeiçoado.

A face do Dr. Moritz era glabra e redonda e as feições pertenciam ao domínio do indizível porque eram prontamente esquecidas depois de provocarem uma adesão fugaz, quase uma cumplicidade.

O certo é que todas as mulheres de meia-idade que iam parar ao gabinete do Dr. Moritz acreditavam que lhe tinham aberto uma veia latente no coração que até ali só batia por mera rotina e que o amável clínico sem dar por isso entrara em processo de dissolução por causa delas.

Julgando-se cada uma a única beneficiária de tal segredo, não passavam palavra umas às outras, mas quando a rotina das consultas as fazia companheiras ocasionais de tagarelice na sala de espera, escapavam-se-lhes dos lábios frases como estas:

— Um homem muito correcto.

— Um senhor.

— Um gentleman à moda antiga.

— Um médico para quem as pessoas não são estatísticas nem cifrões.

— Um homem que sabe criar laços.

— Um médico que usa um vocabulário acessível.

— Um médico que não assusta, que apazigua.

— Alguém que nos faz sentir que não somos doentes, que somos passageiros em trânsito num comboio que nos pode levar a qualquer lado.

O ponto comum a todas estas declarações era a omissão de um dado essencial, que consubstanciava a magia do Dr. Moritz e por pouco não seria a razão da sua perda.

As mãos do Dr. Moritz, que mais tarde se soube estarem seguras em milhões de euros, não correspondiam a nenhuma descrição anatómica conhecida desde a Antiguidade até aos nossos dias. À vista desarmada, pareciam umas mãos como quaisquer outras que fossem pequenas, brancas, sapudas e polposas como um peito de frango acabado de cortar. Ossinhos de bambu, consistência de gelatina, isto nada teria ainda de extraordinário se não fosse a sua leveza ser animada por um sopro de vida que parecia emanar de cada dedo e tornar cada criaturinha minúscula num mensageiro privilegiado do doutor.

As pacientes saíam do seu gabinete momentaneamente curadas, escoltadas pelo médico que à despedida lhes imprimia uma delicada pressão dos dedos nas espáduas.

Quando a corrente afectiva vibrava mais forte consta que as suas mãos ungiam as da paciente e em casos extremos simulava levá-las aos lábios.

Isto poderia ter-se prolongado indefinidamente se não fosse uma doente, num momento de desvario, ter correspondido ao beija-mão com um roçar de lábios na lapela da bata do Dr. Moritz.

Era Verão, e o médico desafogara o decote do pescoço, deixando entrever uma camisa de pano fino e um triângulo de carne que parecia ver a luz do dia pela primeira vez.

O que se passou na consulta seguinte deu início ao falatório que poderia ter arruinado a reputação da clínica, se não fosse a pronta intervenção do Dr. Pascual, que mandou o Dr. Moritz de férias para uma ilha. O Dr. Moritz não reconhecera a sua paciente, confundindo a identidade dela com a de outra qualquer, e parecia achar muito natural esse lapso de memória. Foi então que se descobriu que o Dr. Moritz acumulava lapsos de memória, mas levantaram-se tantas vozes a defendê-lo que, depois de umas curtas férias, regressou com as mãozinhas ligeiramente bronzeadas e tão leves e apelativas como dantes.

A clínica estava então no seu apogeu, mas o cérebro hiperactivo do Dr. Pascual já congeminava a maneira de lhe dar novo fôlego.

Se bem que os utentes da clínica abrangessem todos os escalões etários, notava-se um nítido decréscimo de afluência entre os mais velhos, por força do preconceito ou porque desconheciam os poderes de um bisturi sabiamente manobrado e do sem-número de recursos da farmacopeia para voltar a fazer deles seres humanos completos e não simples corpos com sinais vitais.

Contra esta apatia, que subtraía aos lucros potenciais da clínica quantias astronómicas e lesava os contribuintes por implicar uma diminuição das subsequentes entradas nos cofres estatais, surgiu um projecto pioneiro que em pouco tempo se revelou ganhador.

Um pavilhão, discretamente acoplado ao corpo principal mas com entrada independente, abriu as portas sem pompa nem chamadas de atenção na imprensa, e tornou-se a meca de uma clientela milionária constrangida a suportar as dores da abstinência sem que de nada lhe valesse o superavit das contas bancárias.

Os primeiros chegaram em carrões com vidros fumados, conduzidos por motoristas que obedeciam às leis da omertà.

O edifício, de linhas depuradas como um monólito moderno, impunha-se como uma grande incógnita, uma abstracção, recusando outras leituras para além da simples afirmação da sua existência.

Passada a porta, porém, entrava-se num mundo que misturava passado, presente e algum futuro em doses homeopáticas, criando um efeito de harmonia universal.

Graffitis, trazendo a rua para dentro de casa, mas numa versão sem violência nem grotesco, cobriam as paredes e apelavam a uma possibilidade de regresso à idade de ouro em que a maturidade se despede sem saudades dos excessos de irreverência e exuberância da juventude. Música ambiente alternava com música minimal, suave e repetitiva, que não se sabia de onde vinha. O mobiliário, feito para desposar os corpos, era morno ao tacto, sem asperezas nem arestas.

Poderia ser um hostel de luxo ou uma mansão de privilegiados mas, apesar do seu aspecto ambicioso, servia apenas a sublime missão de dar mais vida à vida, pois mais não era do que a nova ala da clínica destinada a uma subespécie da geriatria, a geriatria aplicada ao amor.

A ideia era afinal um ovo de Colombo. Já havia o turismo sénior, a prostituição sénior, com seus lugares de culto e reconhecimento social, porque não trabalhar o conceito melhorando as performances de cada um sem olhar à sua esperança de vida e assim investindo directamente no mito da juventude eterna e na indústria do entretenimento?

Menos de um ano depois, o Dr. Pascual teve de mandar construir uma pista para helicópteros porque os clientes, já sem pejos a reclamar anonimato, vinham de todo o mundo.

Ao pavilhão existente juntara-se um outro e estava programada a construção de mais dois, para darem corpo a uma ideia que ele fora beber a Montaigne: garantir um ponto de encontro na terra a todos os que quisessem encontrar o amante ou o amigo que existia não se sabia onde, assim acabando de uma vez por todas com a tristeza do onanismo e o fantasma da solidão.

Riquíssimo e com fama de incorrupto, o nome do Dr. Pascual era respeitado em todo o lado, inclusive no Vaticano.

Dizia-se até que o Papa sorria, sonhador, quando alguém lhe apontava, do outro lado do Tevere, a cidadela do amor que crescera à volta da clínica, e afirmava que sem "Le Cose Belle" não estaria ele ali, a suster em cima dos ombros todo o peso do mundo. ■

Yes Daddy?

LOS ANGELES

Emma Cline

TRADUZIDO DO INGLÊS POR HEITOR AUGUSTO

Novembro acabara de chegar, mas as decorações de fim de ano já começavam silenciosamente a tomar conta das vitrines das lojas: papais noéis de papelão com óculos de sol, vidraças com erupções de neve artificial, como se o frio fosse uma piada qualquer. Sequer havia chovido desde que Alice se mudara para cá, o tempo bom mantendo-se firme. Na sua cidade natal já estava sisudo e nevoso, o sol às costas da casa de sua mãe se pondo às cinco da tarde. Essa nova cidade parecia ser uma boa alternativa, céu azul inderrotável e braços descobertos, os dias passando sem atrito, com fluidez. Claro, daqui a alguns anos, quando os reservatórios estiverem esgotados e os gramados sem vida, ela perceberia que não existe tal coisa como o brilho do sol ininterrupto.

A entrada para funcionários era próxima aos fundos da loja, num beco. Isso foi antes dos processos judiciais, quando a marca ainda tinha popularidade e inaugurava novas lojas. Eles vendiam roupas baratas e vulgares em cores primárias, roupas evocando uma vaga ideia de prática esportiva — meias de cano alto, shorts de corrida —, como se o sexo fosse um esporte alternativo. Alice trabalhava numa loja-conceito, o que significava maior tamanho e frequência, numa esquina perto do mar com alta exposição. As pessoas deixavam um rastro de areia, e algumas vezes alcatrão de praia, que as faxineiras tinham de esfregar ao fim da noite.

Aos funcionários só lhes era permitido vestir as roupas da marca, então Alice ganhou algumas de graça quando começou. Esvaziando a mochila por sobre a cama, ela ficou animada pela pura abundância de peças, mas havia uma péssima inconveniência: o gerente as escolhera e todas eram um pouco apertadas, um número abaixo do ideal. As calças cortavam-lhe a virilha, deixando marcas vermelhas em seu estômago no exato contorno do zíper, as camisetas apertando-lhe as axilas. Ela deixava a calça desabotoada no caminho para o trabalho, retardando até o último momento para tragar seu estômago e fechá-la.

O interior da loja era de uma brancura iluminada e reluzente, um zumbido baixo ao fundo vindo dos letreiros em neon. Era como estar dentro de um computador. Ela chegara às 10 horas, mas as luzes e a música já evocavam uma perpétua atmosfera vespertina. Em cada parede pendiam imensas fotografias em preto-e-branco granulado de mulheres vestindo as famosas roupas íntimas, garotas de joelhos ossudos fazendo contato visual com a câmera, cobrindo seus pequenos seios com as mãos. Os cabelos de todas as modelos pareciam um pouco oleosos, seus rostos um pouco brilhantes. Alice supôs que era para tornar mais provável a possibilidade de se fazer sexo com elas.

Apenas moças trabalhavam no atendimento aos clientes — os rapazes ficavam nos fundos, dobrando, desencaixotando e etiquetando as mercadorias do depósito, administrando o estoque. Eles não tinham nada a oferecer a não ser a mera mão de obra. Eram as garotas que a gerência queria à vista, garotas que funcionavam como taquigramas da marca. Elas perambulavam em quadrantes, dedos enfiados por entre os cabides para garantir que as peças estivessem penduradas em distâncias equânimes, chutando as camisetas caídas para longe das partições, escondendo um *collant* sujo de batom.

Antes de colocarem as roupas nas araras, elas tinham de vaporizá-las, tentando reanimar o brilho do valor. A primeira vez que Alice abrira uma caixa com camisetas direto do depósito, as roupas ali, todas enfiadas e dobradas juntas num cubo sem etiquetas ou preços, tornara repentinamente óbvio seu real valor — lixo, tudo aquilo.

Na entrevista, Alice trouxera um currículo, que se esforçara para imprimir numa copiadora. Ela também comprara uma pasta para transportá-lo intacto, mas ninguém pediu para vê-lo. John, o gerente, nem sequer perguntou sobre seus empregos pregressos. Ao final de cinco minutos de conversa, ele ordenou que ela ficasse de pé em frente a uma parede branca e lhe sacou uma foto com uma câmera digital.

— Se você puder sorrir só um pouco — John disse, e ela o fez.

Eles enviaram as fotos à direção para serem aprovadas, Alice descobrira mais tarde. Se a pessoa fosse selecionada, quem quer que a houvesse entrevistado receberia um bônus de 200 dólares.

Alice adaptou-se tranquilamente ao seu posto. Abastecendo as araras com cabide atrás de cabide. Tomando roupas das mãos de estranhos, encaminhando-os ao provador trancado com a chave que ela carregava num cordão à cintura, com uma autoridade suave. Sua mente passava, não sem prazer, por pensamentos turvos e apressados. Ela receberia amanhã, o que era bom — o aluguel venceria em uma semana, além da prestação do empréstimo. Seu quarto era barato, ao menos isso, ainda que o apartamento, compartilhado com quatro inquilinos, fosse nojento. O quarto de Alice não era de todo mau, apenas porque não tinha nada dentro — seu colchão ainda estava no chão, apesar de ela viver ali há três meses.

A loja ficou vazia por um momento, um dos atípicos intervalos sem explicação lógica, até que chegou um pai, arrastado por sua filha adolescente. Ele se mantinha a uma distância segura enquanto a filha agarrava peça atrás de peça. Ela passou-lhe uma blusa e o homem disse o preço em voz alta, olhando para Alice como se fosse sua culpa.

— Não passa de uma blusa básica — ele disse.

A filha estava envergonhada, Alice podia perceber, e sorriu de volta para o pai, insossa, porém compreensiva, tentando transmitir a ideia de que algumas coisas nesse mundo são difíceis de controlar. Era verdade que as roupas estavam caras demais. Alice jamais conseguiria comprá-las. E a expressão da filha se assemelhava à de sua própria adolescência, com os constantes comentários de sua mãe sobre o preço de tudo. Aquela vez em que foram a um restaurante porque seu irmão completara o ensino fundamental, um restaurante com um menu iluminado com algum tipo de luz LED, e sua mãe não conseguia deixar de resmungar dos preços em voz alta, tentando adivinhar por quanto sairia a conta. Nada poderia passar sem ser examinado e comentado.

Quando o pai acedeu e comprou dois pares de calça *legging*, a blusa e um vestido metálico, Alice compreendeu que ele apenas fingira indignação com os preços. Nem por um momento passara pela cabeça da filha a possibilidade de que ela não teria o que desejava, e qualquer solidariedade que Alice sentira pelo pai dissipou-se enquanto assistia os valores serem somados no caixa, o homem entregando-lhe o cartão de crédito sem sequer estar interessado em saber o total.

Oona trabalhava aos sábados também. Ela tinha dezessete, um pouco mais nova que o irmão de Alice, mas Henry parecia ser de outra espécie. Ele tinha bochechas rosadas, sua barba aparada ao limite de uma fina linha ao longo do queixo. Uma mistura estranha de perversidade — às costas de seu celular uma estrela pornô peituda — com uma real aparência de menino. Ele preparava pipoca no fogão na maioria das noites, amava e tocava repetidamente uma canção cuja letra cantava com felicidade, "Build Me Up Buttercup", seu rosto jovial e doce.

Oona devoraria Henry vivo, Oona com sua gargantilha *choker* negra e seus pais advogados, sua escola particular onde jogava lacrosse e frequentava aulas de arte islâmica. Ela tinha leveza e confiança, já bastante versada em sua própria beleza. Estranho o quão bonitos eram os adolescentes de hoje, muito mais atraentes que Alice e seus amigos na adolescência. Por alguma razão todos esses novos adolescentes sabiam fazer a sobrancelha. Os tarados adoravam Oona — os homens que vinham desacompanhados, seduzidos pelas propagandas, as moças que atendiam os clientes vestidas nos prometidos *collants* e saias. Os homens se demoravam demais, contemplando com dramaticidade uma camiseta branca, falando alto ao telefone. Eles desejavam ser notados.

A primeira vez que achou que um desses homens havia encurralado Oona, Alice puxou-a dali para resolver uma tarefa imaginária nos fundos da loja. Mas Oona apenas riu de Alice — ela não se importava com os homens, eles geralmente compravam pilhas de roupas, Oona marchando com eles rumo ao caixa, uma voluntária contente por ajudar. Elas ganhavam comissão em tudo.

A direção pedira a Oona que participasse de alguns comerciais, pelos quais ela não receberia nada, a não ser mais roupas de graça. Ela queria muito aceitar, contara a Alice, mas sua mãe não assinaria a autorização. Oona queria ser atriz. A triste realidade dessa cidade: as milhares de atrizes com suas milhares de quitinetes e clareadores dentais, a energia gerada por milhares de horas na esteira e corridas na praia, energia se dissipando num nada. Talvez Oona quisesse ser atriz pela mesma razão que Alice: porque outras pessoas falaram que elas deveriam ser. Esse era um dos cenários tradicionais para uma garota bonita, todos clamando à garota bonita para não desperdiçar sua beleza, para fazer algum uso dela. Como se beleza fosse um recurso natural, uma responsabilidade que você tivesse de resguardar.

O curso de atuação era a única coisa que a mãe de Alice se comprometera a pagar. Talvez fosse importante para sua mãe sentir que Alice estava conquistando, avançando, e completar as aulas tinha o reluzir de blocos de construção, de signos colecionados, pouco importa que não tivessem utilidade aparente. Sua mãe lhe enviava um cheque todo mês, algumas vezes acompanhado de uma tirinha do jornal de domingo que ela houvera arrancado, mas nunca com uma nota.

O professor de Alice fora ator e chegara aos cinquenta bem conservado. Tony era loiro e bronzeado e demandava um tipo de devoção pessoal que Alice considerava agressivo. A aula acontecia num amplo espaço com piso de madeira, cadeiras dobráveis avolumando-se contra a parede. Os alunos perambulavam com suas meias acolchoadas, os pés exalando um cheiro úmido e íntimo. Tony oferecia diferentes tipos de chá e os alunos estudavam as caixas, escolhendo um com grande cerimônia. Tranquilidade, Bons Sonhos, Energia Extra, chás cujos nomes implicavam esforço e virtude. Eles seguravam suas canecas com ambas as mãos, inalando de um jeito clichê; cada um queria apreciar seu próprio chá mais do que qualquer outro. Enquanto eles se revezavam em atuar diferentes cenas e tomar parte em diferentes exercícios, repetindo bobagens para cá e para lá, Tony observava a partir de uma cadeira dobrável e comia seu almoço: garfadas em folhas molhadas de alface numa tigela de plástico, na perseguição de um edamame com seu garfo.

Todas as manhãs saltava no *e-mail* de Alice uma frase inspiradora de Tony:

Faça ou não faça. Não existe tentativa. Amigos são presentes que presenteamos a nós mesmos.

Alice tentara, inúmeras vezes, sair da lista do *mailing*. Escrevera para o gerente do estúdio, apelara até para Tony, mas as frases continuavam a chegar. A daquela manhã:

Mire na lua. Mesmo que você erre, cairá nas estrelas.

Parecia vergonhoso que Alice reconhecesse celebridades, mas ela as reconhecia. Um vacilo no olhar, uma segunda espiada — ela era capaz de identificá-las quase que instantaneamente como pessoas famosas, mesmo que não soubesse seus nomes. Havia uma familiaridade na composição de seus traços, uma atração gravitacional. Alice conseguia identificar até mesmo os atores de classe C, suas feições ocupando espaço em seu cérebro sem que ela fizesse qualquer esforço.

Aquela tarde entrara na loja uma mulher que não era atriz, mas sim casada com um ator: muito famoso, adorado, apesar da cara branquela pouco atrativa. A esposa também era insossa. Designer de joias. Esse dado ocorrera a Alice da mesma maneira espontânea que o nome da mulher. Ela trazia anéis em quase todos os dedos, uma corrente prateada com uma tira de metal pendendo sobre o colo. Alice deduziu que as joias eram de sua autoria e imaginou essa mulher, essa designer de joias, a dirigir pela tarde ensolarada e decidindo entrar na loja, o dia sendo mais uma recurso disponível para ela.

Alice foi em direção à mulher, apesar de ela tecnicamente estar no quadrante de Oona.

— Me avise se você precisar de ajuda para encontrar algo — disse Alice.

A mulher fitou-a, seu rosto insosso investigando o de Alice. Ela pareceu ter percebido que Alice a reconhecera e a assistência de Alice, falsa por si, tornou-se duplamente falsa. A mulher não disse nada. Simplesmente voltou a vasculhar sem interesse as peças de biquíni. E Alice, ainda a sorrir, fez um inventário pronto e implacável de cada detalhe pouco atrativo da mulher — a pele ressecada ao redor das narinas, seu queixo retraído, suas pernas robustas sob a calça jeans cara.

Alice comeu uma maçã de almoço, inclinando o rosto para cima de forma a sentir o magro sol na sua testa e bochechas. Não conseguia avistar o mar, mas podia ver o ponto em que os prédios começavam a se dissipar ao longo da costa, os topos magros das palmeiras que margeavam o calçadão. A maçã estava boa, reluzente e madura, levemente ácida. Ela jogou a casca na moita de hortênsias abaixo do deck. Seu almoço foi só isso: havia algo de agradável no jeito que seu estômago se apertaria depois ao redor do próprio vazio, como tornaria o dia ligeiramente mais no ponto.

Oona veio para a varanda dos fundos na hora do seu intervalo, fumando um cigarro do maço de John. Ela conseguira filar um para Alice também. Alice tinha consciência de ser velha demais para desfrutar tanto da companhia de Oona, mas não ligava. Havia uma harmonia natural e amena entre as duas, uma sensação de camaradagem resignada, os limites compartilhados do trabalho aliviavam grandes preocupações de Alice sobre o rumo de sua vida. No colegial fora provavelmente a última vez que Alice fumara cigarros com regularidade. Ela não mantinha contato com nenhuma daquelas pessoas, para além de acompanhar as fotos de noivado que apareciam na Internet, fotos tiradas nos trilhos de trem nas horas de melhor luz. Pior: aquelas tiradas à beira de lagos ou à frente do pôr do sol, fotos-ostentação da natureza, a insossa, tediosa beleza da margem. As crianças vieram na sequência, bebês enrolados como camarões em mantas de pele.

— Foi o cara — Oona lhe dizia. — O do cabelo preto.

Alice tentou puxar pela memória, pensando se havia notado algum homem em particular. Nenhum lhe veio à mente.

Ele viera naquela tarde, disse Oona. Tentara comprar sua calcinha. Oona riu ao ver a reação de Alice.

— É hilário — disse Oona, ajeitando distraída a longa franja para longe dos olhos. — Você devia buscar na Internet. É toda uma parada.

— Ele pediu para você lhe escrever um *e-mail* ou algo assim?

— Não — Oona respondeu. — Foi mais, tipo, 'te dou cinquenta pratas se você for agora ao banheiro, tirar a calcinha e me der'.

A expressão de perplexibilidade que Alice esperava encontrar no rosto de Oona não estava lá — não havia nem sinal. Na realidade, reagira com frivolidade, e foi então que Alice compreendeu.

— Você não deu?

Oona sorriu, lançando um olhar a Alice, e o estômago de Alice se embrulhou num misto de preocupação e inveja, uma incerteza sobre quem havia sido enganado. Alice balbuciou algo, mas parou. Ela mexia um anel de prata pelo dedo, o cigarro queimando sozinho.

— Por quê? — Alice perguntou.

Oona riu. — Sem essa, você já fez esse tipo de coisa. Sabe como é.

Alice apoiou-se contra o parapeito. — Você não se preocupa que ele faça algo bizarro? Te seguir ou algo do gênero?

Oona parecia desapontada. — Ah, por favor! — ela disse, e começou a fazer um exercício com a perna, apoiando-se com agilidade sobre a ponta dos pés. — Eu gostaria que alguém me perseguisse.

A mãe de Alice não queria mais pagar pelo curso de atuação.

— Mas estou evoluindo — Alice disse à mãe ao telefone.

Estava? Não sabia. Tony os fazia jogar uma bola para cá e para lá enquanto diziam suas falas. Ele os fazia andar pelo espaço, primeiro apoiando-se no esterno, depois na pélvis. Alice completara o Nível Um, e o Nível Dois custava mais, mas previa duas aulas por semana e uma sessão mensal particular com Tony.

— Não percebo como esse curso é diferente do que você acabou de fazer.

— É mais avançado — disse Alice. — Mais intenso.

— Talvez seja melhor dar um tempo por enquanto — respondeu sua mãe. — Descobrir o quanto você realmente está a fim.

Como explicar — se Alice não estivesse num curso, se não estivesse ocupada, isso significava que seu trabalho horrível, seu apartamento horrível, teriam mais peso, talvez começassem a importar. Essa reflexão era demais para ser feita de cara limpa.

— Vou voltar para a estrada — disse sua mãe. — Saudades.

— Também.

Apenas por um momento todo aquele amor confuso e atravessado bloqueou-lhe a garganta. Então o momento passou e Alice estava novamente sozinha na cama. Melhor se mexer, preencher rapidamente a cabeça com algo. Ela foi para a cozinha, abriu um pacote de cereja congelada que comeu com esforço resoluto até que seus dedos adormecessem, até que um calafrio penetrasse fundo em seu estômago e ela fosse obrigada a se levantar e vestir seu casaco de frio. Ela se mexeu na direção em que o sol aquecia a cadeira da cozinha.

Havia inúmeros anúncios *online*, Oona estava certa, e naquela noite Alice gastou uma hora clicando neles, pensando sobre o quão ridículo é o ser humano. Uma mínima pressão sobre o mundo e ele mostrava suas curvas tortas, revelava seus desejos turvos e incontroláveis. Pareceu loucura de cara. E então, como outras piadas, tornou-se curiosamente possível quanto mais ela se referia a isso na própria cabeça, os desconfortáveis limites sendo amolecidos numa forma inócua.

As calcinhas eram de algodão e pretas, de baixa qualidade. Alice as pegara do trabalho — fácil o suficiente levar em segredo um punhado do carregamento do depósito antes que fosse colocado no inventário ou recebesse alguma etiqueta. John deveria checar a bolsa de todo mundo na hora da saída, a extensa fila de empregados passando por ele com suas bolsas levemente abertas, mas geralmente ele nem olhava. Como a maioria das coisas, foi assustador no começo, mas depois se tornou mecânico.

Não acontecia com tanta frequência assim, talvez duas vezes por semana. Os encontros aconteciam sempre em lugares públicos: um café desses de franquia, o estacionamento de uma academia. Houve um rapaz que se gabava de ter alguma autorização especial de segurança e que lhe escreveu de diferentes contas de *e-mail*. Um *hippie* gordo com óculos de lentes coloridas que lhe entregou uma cópia do livro que publicara do próprio bolso. Um homem por volta dos sessenta anos que deu um calote de dez pratas em Alice. Ela não interagia para além de lhes entregar a calcinha, cerrada numa embalagem a vácuo, enfiada num saco de papel, como se fosse o lanche esquecido por alguém. Alguns dos homens se deixavam ficar por muito tempo, mas nenhum chegou a avançar. Nem era tão ruim. Era aquela fase da vida em que quando acontecia algo ruim ou estranho ou sórdido, ela podia se confortar com uma desculpa complacente: é apenas aquela fase da vida. Quando pensava naquele momento dessa forma, qualquer que fosse o caos onde ela estivesse metida, parecia, de saída, autorizado.

Oona a convidara para ir à praia no domingo que estivessem de folga. Um de seus amigos tinha uma casa na praia e estava fazendo um churrasco. Quando Alice empurrou a porta, a festa já estava rolando — música saindo das caixas de som e garrafas de bebidas alcoólicas sobre a mesa, uma garota abastecia um espremedor com laranja atrás de laranja. A casa era ensolarada e ampla, o mar abaixo esquadrinhado pelos quadrados das janelas num taciturno resplendor.

Ela estava se sentindo desconfortável até avistar Oona, que vestia maiô e shorts jeans. Oona pegou-a pela mão. — Venha conhecer o pessoal — ela disse, e Alice sentiu um jorro de simpatia por Oona, a garota adorável.

Porter morava na casa, filho de algum produtor, e era mais velho que todos — talvez mais velho até que Alice. Parecia que ele e Oona estavam juntos, seus braços circundando-a, Oona se avizinhando dele com alegria. Ele tinha cabelo escorrido e um pitbull com coleira rosa. Ele se abaixou para deixar o cachorro lamber-lhe a boca; Alice viu suas línguas se tocarem por um momento.

Quando Oona empunhou o celular para tirar uma foto, a garota do suco espremido com ardor levantou a camiseta para mostrar um dos peitos, pequeno. Alice ficou corada e Oona riu.

— Você está deixando Alice envergonhada — ela disse para a garota. — Deixe de ser safada.

— Tudo bem — Alice disse, e se esforçou para ficar bem.

Quando Oona lhe passou o drink feito com o suco de laranja, ela o sorveu num instante, o ácido refrescando-lhe a boca e a garganta.

O mar estava frio demais para nadar, mas o sol estava gostoso. Alice comera um hambúrguer gorduroso saído da grelha, tirando do topo algum tipo de queijo chique e jogando num pé de babosa. Ela passara a mão numa das toalhas da casa. A toalha de Oona estava desocupada — ela estava na água, chutando as ondas congelantes. Uma música vinha do pátio. Alice não percebera Porter até ele desabar sobre a toalha de Oona. Ele brincava com um maço de cigarros numa embalagem de plástico de azeitonas verdes, cerveja na outra mão.

— Me dá um cigarro? — ela pediu.

O maço que ele lhe passou tinha um desenho, uma frase em espanhol.

— É permitido ter personagens de desenho no cigarro? — ela perguntou, mas Porter já havia se deitado sobre o estômago, o rosto espremido na toalha. Ela ficou tocando o maço, observando as costas pálidas de Porter. Ele não tinha sequer um pingo de beleza.

Alice arrumou as alças do biquíni que estavam pegando no ombro, deixando marcas. Deu uma vasculhada no grupo lá no pátio, indiferente, e no corpo prostrado de Porter, decidindo tirar a parte de cima. Ela contorceu os braços atrás das costas e desabotoou o biquíni, dobrando o corpo para a frente de forma que ele caísse sobre o colo. Ela estava se divertindo, não estava? Dobrou a parte de cima e colocou na bolsa o mais gentil que conseguisse, imergindo novamente na toalha. O ar e o calor nos seus seios estavam equilibrados e contínuos, então ela se permitiu sentir-se contente e lânguida, feliz com a imagem que construíra.

Alice despertou com Porter risonho em sua direção.

— Fazendo a europeia, né? — ele disse.

Por quanto tempo esteve a observá-la?

Porter lhe ofereceu sua cerveja. — Mal toquei nela, se você quiser. Posso pegar outra.

Ela balançou a cabeça.

Ele deu de ombros e tomou um longo gole. Oona caminhava sozinha pela areia, o mar se dissipando em seus tornozelos. — Odeio esses maiôs que ela usa — Porter disse.

— Ela está ótima.

— Ela tem vergonha dos próprios peitos — Porter disse.

Alice sorriu-lhe um sorriso enojado e empurrou seus óculos de sol para perto dos olhos, cruzando os braços por cima dos seios do jeito menos óbvio possível. Ambos se viraram para uma comoção que ocorria mais perto da água — um estranho conseguira entrar nessa praia privada. O homem parecia um pouco desequilibrado, cabelo grisalho, vestia um blazer. Provavelmente, morador de rua. Ela o fitou de esguelha: tinha uma iguana sobre o ombro.

— Que porra é essa? — Porter comentou, rindo.

O homem deteve uma das amigas de Oona, em seguida abordou outra.

Porter limpou as mãos sujas de areia. — Vou entrar.

O homem agora se aproximava de Oona.

Alice olhou na direção de Porter, mas ele já estava voltando para a casa, despreocupado.

O homem dizia algo para Oona, algo que tinha detalhes. Alice não sabia se deveria fazer alguma coisa. Mas rapidamente o homem se afastou de Oona e agora caminhava na direção de Alice. Ela cobriu-se depressa com a parte de cima do biquíni.

— Quer tirar uma foto? — o homem perguntou. — Um dólar. — A iguana tinha a crista à mostra, uma aparência anciã, e quando o homem balançou o ombro denotando prática, a iguana na cadência do corpo do homem, o papo reverberando como batidas de coração.

Da última vez que ela fizera aquilo, o homem quis se encontrar às quatro da tarde no estacionamento do supermercado no bairro de Alice. Era numa hora peculiar do dia, aquela hora tristonha em que a escuridão parece se erguer das profundezas, mas o céu ainda está iluminado e azul. As sombras das moitas contra as casas se expandiam mais e mais, começando a se juntar às sombras das árvores. Ela vestia um shorts de algodão e uma blusa lisa do trabalho, sem sequer se preocupar em parecer arrumada. Seus olhos estavam um pouco rosa por causa das lentes de contato, uma mancha rosada na parte branca que fazia parecer que ela esteve chorando.

Ela andara os dez quarteirões até o estacionamento, a claridade rodeando o emaranhado de amoras trepadeiras que se amontoavam nos becos. Até os prédios módicos ficavam adoráveis àquela hora, as cores desbotadas sutis e europeias. Ela passara pelas casas mais finas, espreitando fatias dos suntuosos jardins por entre as frestas dos muros altos, os lagos ornamentais sibilantes com peixes. Em algumas noites ela caminhava pela vizinhança, próxima à borda úmida do reservatório. Era prazeroso ver o interior dessas casas à noite. Como se cada uma fosse uma cartilha do que é ser humano, das escolhas que se podem fazer. Como se a vida pudesse seguir o rumo dos seus desejos. Assistira certa vez uma aula de piano, a repetição das escalas, uma garota de volumosas tranças que se estendiam até o final das costas. As casas onde televisores davam um efeito assombroso.

Alice olhou o celular — estava alguns minutos adiantada. Outros clientes devolviam os carrinhos de compras de volta aos seus lugares, as portas automáticas abrindo-se e abrindo-se. Ela se prostrou num espaço vazio do estacionamento, assistindo os carros. Olhou novamente o celular. Seu irmãozinho lhe mandara mensagem: um *emoji* sorridente. Ele nunca havia viajado para fora do estado, o que a deixava obliquamente triste.

Quando um sedã bege entrou no estacionamento, ela podia afirmar, pela maneira que o carro desacelerara, ignorando uma vaga, que era o homem que a procurava.

Alice acenou, abobadamente, e o homem parou o carro perto dela. O vidro do banco do passageiro estava abaixado, de forma que ela pôde ver seu rosto, apesar de ter de se inclinar para fazer contato visual. O homem era sem graça, vestia um pulôver de lã com o zíper fechado pela metade e calça caqui. Como se fosse o marido de alguém, apesar de Alice não perceber nenhuma aliança. Ele havia assinado seus *e-mails* como Mark, mas não percebera, ou talvez não se importara, que o seu endereço eletrônico o identificava como Brian.

O carro parecia imaculado, até ela perceber roupas jogadas no banco de trás e uma encomenda dos correios e algumas garrafas de refrigerante ao lado. Ocorreu a Alice que porventura esse homem morava dentro do carro. Ele parecia impaciente, mesmo que ambos tivessem chegado cedo. Ele suspirou, demonstrando a própria inconveniência. Ela trazia consigo o saco de papel com a calcinha dentro da embalagem a vácuo.

— Devo apenas... — ela iniciou o movimento de lhe entregar o saco.

— Entre — ele interrompeu, esticando o corpo para liberar a trava da porta do passageiro. — Só por um segundo.

Alice hesitou, mas não tanto quanto deveria. Escorregou para dentro, fechando a porta atrás de si. Quem tentaria um sequestro às quatro da tarde? Num estacionamento movimentado? Debaixo desse sol implacável?

— Assim — o homem disse no momento que Alice se sentou ao seu lado, como se agora estivesse satisfeito. Suas mãos pousaram por um instante no volante, depois perambularam pelo peito. Ele parecia ter medo de olhá-la.

Ela tentou imaginar como iria contorcer essa história para Oona no sábado. Era fácil imaginar — ela descreveria o homem como mais velho e mais feio do que era, usando um tom de contentamento incrédulo. Ela e Oona estavam acostumadas a contar entre si histórias como essa, a dramatizar eventos de forma que qualquer coisa ganhava um tom cômico e irônico, suas vidas uma sequência de encontros que lhes acontecia, mas jamais as afetava, ao menos no relato, suas personas inabaladas, as que tudo veem. Quando transara com John aquela vez depois do trabalho, escutara seu eu no futuro a narrar todo o episódio para Oona — como o pênis dele era fino e afoito e como ele não conseguia gozar, então virou-se para o lado e deu um jeito na própria rola com a eficiência e solidão da prática. Isso fora tolerável porque se tornaria uma anedota, algo condensado e comunicável. Engraçado até.

Alice colocou o saco sobre o apoio de mão entre ela e o homem. Ele espreitou o saco pelo canto do olho, um olhar quiçá intencionalmente comedido, como se estivesse provando não se importar muito com o conteúdo. Um detalhe que tivesse ido parar num estacionamento sob a imperdoável claridade da tarde para comprar a calcinha de alguém.

O homem pegou o saco mas, como ela temera, não o abriu na frente dela. Enfiara na lateral da porta do motorista. Quando se virara novamente em sua direção, ela pôde perceber seu asco — não por si próprio, mas por ela. Ela não mais tinha serventia, e cada momento que permanecesse no carro seria mais um a lembrá-lo de sua própria fraqueza. Ocorrera a ela que ele poderia lhe fazer algum mal. Mesmo ali. Ela observou os para-brisas dos outros carros, as árvores. Na casa de sua mãe seria a hora do jantar. Sua mãe cozinhando o arroz de saquinho e distribuindo os descansos de mesa de limpeza prática. A perguntar para Henry se ele tinha em mente algum filme para assistirem após o jantar. Henry adorava documentários sobre Hitler ou animais particularmente exóticos. De repente, parecera agradável carregar a lava-louça e aspirar coisas menores.

— Pode me pagar? — ela disse, sua voz elevando-se demais.

Uma fisionomia de dor tomou conta de seu rosto. Ele pegou a carteira com muito custo.

— Combinamos 60?

— 75 — ela respondeu, — foi o que disse no *e-mail*. 75.

A hesitação dele permitiu que ela o odiasse com todo o seu ser, a assisti-lo com olhos implacáveis enquanto ele contava as notas. Por que não o fizera antecipadamente? Ele provavelmente queria que ela testemunhasse a contagem, Mark ou Brian ou quem quer que ele fosse, pensando envergonhá-la ou puni-la por prolongar a contagem, garantindo que ela passasse pela experiência da transação na íntegra, nota a nota. Quando chegou na contagem de 75, esticou o dinheiro na direção dela, mas não o suficiente, e Alice teve de se esforçar para tomá-lo. Ele sorriu, como se ela tivesse confirmado algo.

Ao contar a história a Oona no sábado, Alice omitiu um trecho: na hora que tentara abrir a porta do carro, a porta estava trancada.

Como o homem dissera "Ops", sua voz saltando para um agudo "opsy-dopsy". Ele fez o movimento de liberar o botão da destrava, mas Alice continuava agarrando a maçaneta, frenética, o coração pulando do peito.

— Relaxe — ele disse. — Pare de puxar ou não conseguirá abrir.

Alice tinha certeza, repentinamente, de que estava encurralada, que uma grande violência estava prestes a acometê-la. Quem se simpatizaria com ela? Fora ela mesma quem se colocara naquela situação.

— Pare — o homem disse. — Você só está piorando as coisas. ■

Originalmente publicado na *Granta* 139, Abril de 2017.

O FRUTO DA MINHA MULHER

Han Kang

TRADUZIDO DO INGLÊS POR MARIA RITA FURTADO

1

Era fim de Maio quando vi, pela primeira vez, as nódoas negras no corpo da minha mulher; num dia em que os lilases da floreira ao lado do gabinete do porteiro espalhavam pétalas como línguas cortadas, e as lajes do pavimento à entrada do centro para idosos estavam cobertas de flores brancas, espezinhadas pelos sapatos de quem passava.

O sol estava quase no zénite.

A luz solar, da cor de um pêssego maduro, escorria para o chão da sala, vertendo inúmeras partículas de pó e pólen.

Aqueles raios de sol tépidos, enjoativos, doces fluíam para as costas do meu roupão branco, enquanto a minha mulher e eu folheávamos o jornal de domingo de manhã.

A semana que terminara tinha sido marcada pela mesma fadiga que eu sentia há meses. Aos fins-de-semana deixava-me dormir um pouco mais, e tinha acordado há apenas alguns minutos. Deitado de lado, mexi os meus membros lânguidos para que ficassem numa posição mais confortável, passando os olhos pelo jornal o mais devagar possível.

— Podes dar uma olhada a isto? Não percebo porque é que estas nódoas negras não diminuíram.

Registei as palavras como uma mera perturbação no tecido do silêncio, em vez de processar o que significavam. Olhei para cima, para ela, distraidamente.

Sentei-me direito. Marcando com um dedo o que estava a ler no jornal, esfreguei os olhos com a palma da mão. A minha mulher levantara a camisola interior até ao sutiã; nódoas negras profundas salpicavam-lhe as costas e a barriga.

— Como é que fizeste isso?

Ela torceu a cintura o suficiente para que eu pudesse ver as vértebras erguendo-se do fecho da saia de pregas. Equimoses azul pálido, do tamanho do punho de um recém-nascido, tão nítidas como se tivessem sido impressas a tinta.

— Então? Como é que as arranjaste? — O meu tom incisivo, insistente, rompeu o espaço tranquilo do nosso apartamento de dezoito *p'yong*.

— Não sei... Assumi que teria embatido em qualquer coisa sem me aperceber, e que as nódoas negras desapareceriam... Mas afinal estão a ficar maiores.

A minha mulher evitou o meu olhar, como uma criança apanhada a fazer uma asneira. Arrependendo-me ligeiramente de ter parecido que a repreendia, fiz um esforço por suavizar o tom.

— Não dói?

— Não, nada. Na verdade, não tenho qualquer sensação nas zonas magoadas. Mas sabes, isso ainda é mais preocupante.

A expressão de culpa que eu notara há uns instantes desapareceu sem deixar rasto, e foi substituída por um sorriso meigo e incongruente. Esse sorriso brincava nos lábios da minha mulher, quando ela perguntou se deveria ir ao hospital.

Sentindo-me estranhamente afastado daquela situação toda, examinei o rosto dela com um olhar calmo e desinteressado. O rosto com que me confrontei pareceu-me estranho. Pareceu-me estranho, quase irreal; tudo muito inesperado, uma vez que vivíamos juntos há quatro anos.

A minha mulher era três anos mais nova do que eu, tinha feito vinte e nove nesse ano. Quando namorávamos, antes de casarmos, o seu rosto costumava fazê-la parecer embaraçosamente nova; confundiam-na muitas vezes com uma miúda da escola. Agora mostrava sinais claros de fadiga, que contrastavam com o ar inocente dos seus grandes olhos. Era pouco provável que alguém ainda a confundisse com uma miúda da escola, ou sequer com uma estudante universitária. Na verdade, ela parecia mais velha do que era. As suas faces, cor de maçãs ainda verdes nas quais o encarnado mal começara a surgir, estavam afundadas como barro sulcado. A cintura, que fora tão macia e flexível como um rebento de batata doce, e a barriga, que em tempos tivera curvas tão atraentes, eram agora lamentavelmente magras.

Fiz um esforço para me lembrar da última vez que vira a minha mulher nua, e em que havia luz suficiente para a ver bem. Não tinha sido naquele ano, de certeza; eu nem sabia bem se teria sido sequer no ano anterior.

Como pude não ter reparado em nódoas negras tão profundas, no corpo da única pessoa com quem vivi? Tentei contar as rugas finas que irradiavam dos cantos dos olhos da minha mulher. Depois, disse-lhe que devia despir-se. Um rubor surgiu ao longo das linhas das suas maçãs do rosto, que a perda de peso deixara indecentemente agudas. Ela tentou protestar.

— E se alguém vê?

Ao contrário da maioria dos apartamentos, virados para um jardim ou um parque de estacionamento, a nossa marquise dava para a estrada principal, a leste. Uma vez que estávamos três ruas afastados do bloco de apartamentos mais próximo e que no meio havia a estrada principal e o Rio Chungnang, era impossível que alguém bisbilhotasse, a não ser que usasse um telescópio de alta potência. Nenhum dos carros que aceleravam estrada fora poderia ver o interior da nossa sala. Por isso, assumi que o protesto da minha mulher era sinal de constrangimento. Quando éramos recém-casados, ao fim-de-semana, nesta mesma sala, com a porta de vidro que conduzia à marquise e com a janela na parede oposta abertas de par em par, de modo a atenuar o calor sufocante de Agosto, fazíamos amor várias vezes, a meio do dia, explorando sem jeito esta coisa que era tão nova para nós, até acabarmos por sucumbir ao peso da exaustão.

Cerca de um ano depois, já estávamos mais habituados ao nosso amor, e o fervor daqueles primeiros dias foi-se dissipando a pouco e pouco. A minha mulher ia para a cama muito cedo e tinha um sono invulgarmente profundo. Se eu regressasse a casa tarde, ela já teria certamente adormecido. Quando girava a chave na fechadura da porta e entrava em casa, sozinho e sem ninguém para me receber, lavava-me e entrava no quarto escuro, e a cadência regular da respiração dela parecia-me inexplicavelmente desoladora. Se a abraçasse, esperando aliviar a solidão, os seus olhos semiabertos e enevoados de sono não me davam qualquer pista sobre se ela estaria a rejeitar o meu abraço ou a retribuí-lo de forma calorosa. Ela limitava-se a passar os dedos silenciosos pelo meu cabelo, até os movimentos do meu corpo cessarem.

— Tudo? Queres que eu dispa tudo?

O seu rosto contorcido lutava para reprimir uma explosão de lágrimas, e a minha mulher enrolou numa bola a roupa interior que acabara de despir, cobrindo a zona púbica.

E ali estava o seu corpo nu, completamente exposto ao sol da Primavera. Tinha passado mesmo muito tempo.

No entanto, eu não era capaz de sentir o mais pálido tumulto de desejo. Ao ver as nódoas negras verdes amareladas, não só nas suas nádegas, mas também nas costelas e nas canelas, marcando até a carne branca no interior das coxas, a ira apoderou-se de mim e depois, de forma tão repentina como tinha chegado, afrouxou, restando somente uma melancolia sem sentido. O sono desta mulher, cuja mente se dispersava com tanta facilidade, poderá ter apagado a memória de caminhar pela rua ao entardecer (com os sentidos já dormentes pela cortina de sono que descia), chocando contra um carro que avançava devagar, ou de ter tropeçado e caído às escuras nas escadas de emergência do nosso prédio?

A figura da minha mulher, ali de pé, protegendo a zona púbica enquanto os últimos raios de sol da Primavera lhe escorriam pelas costas, perguntando distraidamente se deveria ir ao hospital, era demasiado miserável, deplorável, infeliz para ser descrita com palavras, e por isso fui acometido de uma tristeza que não sentia há muito tempo. Só fui capaz de segurar o corpo magro dela contra o meu.

2

Presumi que ficaria tudo bem. E foi por isso que, naquela Primavera, tomei o corpo magro da minha mulher nos meus braços, e disse:

— Se as nódoas negras não te doem, de certeza que acabarão por desaparecer em breve. Não costumavas meter-te em embrulhadas destas, não era? — Suavizei a reprimenda com um riso sonoro.

Uma noite, no início do Verão, o vento impregnado de calor esfregava a face pegajosa nas folhas dos plátanos altos, e as ruas, com olhos raiados de sangue, oscilavam entre a luz e a escuridão. A minha mulher, sentada à mesa, à minha frente, enquanto partilhávamos um jantar tardio, pousou a colher com espalhafato. Eu tinha-me esquecido completamente das nódoas negras dela.

— Bem, é estranho... dá mais uma vista de olhos.

Depois de eu examinar os dois braços esqueléticos que saíam das mangas curtas da minha mulher, ela despiu a *t-shirt* e o sutiã. Deixei escapar um breve gemido, antes de conseguir engoli-lo.

Se na Primavera anterior as nódoas negras eram do tamanho do punho de um recém-nascido, agora pareciam-se mais com grandes folhas de taro. Além disso, tinham escurecido, adquirindo a cor baça dos ramos de um salgueiro-chorão, cujo verde pálido no início do Verão parece tingido com uma pitada de azul.

Estiquei a mão a tremer e acariciei o ombro magoado da minha mulher, parecendo-me que estava a tocar no corpo de um estranho. Quão doloroso terá sido o que aconteceu, para ter provocado nódoas negras assim?

Agora que penso nisso, notei que naquele dia também o rosto da minha mulher estava polido de azul, como que banhado em água plúmbea. O cabelo dela, outrora lustroso, ficara quebradiço como folhas secas de rabanete. O branco dos seus olhos era de um azul índigo pálido, como se a tinta das duas pupilas invulgarmente negras tivesse sangrado para dentro deles. Os olhos brilhavam com humidade.

— Porque é que isto me está a acontecer? Estou sempre com vontade de ir para a rua e, mal saio… aliás, mal vejo a luz do sol, sinto um impulso para tirar a roupa. É como se o meu corpo quisesse ver-se livre dela. — A minha mulher levantou-se, oferecendo-me a visão mais nítida que tive do seu corpo nu e murcho ao longo de todo um ano. — Anteontem, fui para a marquise sem nada vestido, e fiquei parada ao lado da máquina da roupa, sem saber se alguém poderia ver-me… e nem sequer tentei esconder-me… Não sei, é como se eu fosse uma louca! — Não fiz nada, além de ficar sentado a fitar a metade superior esquelética da minha mulher e a percorrer nervosamente as arestas dos pauzinhos entre os meus dedos, enquanto ela se aproximava de mim. — Também perdi o apetite. Mas estou a beber mais água do que era costume… Não consigo sequer comer meia tigela de arroz o dia todo. E como não estou a comer, acho que os ácidos do meu estômago não estão a ser segregados como deve ser, não sei. Mesmo que me obrigue a comer, não digiro bem e volta tudo para cima. — Ela dobrou os joelhos como uma marioneta cujos fios tivessem sido cortados, e enterrou a cara na minha coxa. De certeza que não estaria a chorar? Uma mancha quente e húmida formou-se nas minhas calças de fato de treino. — Sabes qual é a sensação de vomitar várias vezes por dia? É como teres enjoo de movimento, ainda que estejas em terra firme; tens de andar curvado, é impossível endireitares-te. A cabeça dói como… como se o olho direito estivesse a perfurá-la. Os ombros ficam rígidos como uma tábua, salivas, vomitas ácido gástrico amarelo na calçada, nas raízes das árvores à beira da estrada…

Era possível ouvir a lamúria sonora de um insecto que vinha da fraca lâmpada fluorescente. Sob a sua luz espessa, a minha mulher, com uma nódoa negra nas costas do tamanho de uma folha de catalpa, conseguira matar o queixume que derramava de dentro dela.

— Vai ao hospital — disse-lhe, olhando-a no rosto. — Amanhã. Vai directamente ao serviço de medicina interna.

A sua cara molhada e manchada tinha mau aspecto. Enquanto os meus dedos abertos percorriam o cabelo quebradiço da minha mulher, ofereci-lhe um sorriso aberto.

— E cuidado como vais. Não queres magoar-te outra vez. Não és uma criança para andares a cair e a chocar com coisas.

A cara molhada da minha mulher tremeu ao sorrir, e uma lágrima solitária que lhe pendia dos lábios esticou e soltou-se.

3

A minha mulher tivera sempre esta tendência para chorar? Não, não tivera. Da primeira vez que a vi chorar, ela tinha vinte e seis anos.

Quando era nova, parecia mais fácil fazê-la rir, a voz dela rebentava sempre naquele tom alegre; o riso era como um banho de cor. Ouvi essa voz (a maturidade calma que contrastava com o seu ar juvenil) tremer pela primeira vez quando me disse:

— Odeio viver nos arranha-céus de Sanggye-dong. Setecentas mil pessoas em cima umas das outras, sinto que vou murchar e morrer. Odeio estas centenas de milhares de edifícios iguais, cozinhas iguais, tectos iguais, casas de banho iguais, banheiras, marquises e elevadores, e detesto os parques, as áreas de descanso, as lojas, as passadeiras. Detesto isto tudo.

— De onde é que isso vem, hum? — Falei com se estivesse a tentar acalmar uma criança indisciplinada, prestando mais atenção à suavidade na voz da minha mulher do que ao que ela estava realmente a dizer. — O que é que pode ser tão odioso no facto de várias pessoas viverem perto umas das outras? — Adoptei uma expressão algo austera, ao olhar nos olhos da minha mulher. Nos seus olhos vivos, brilhantes.

— Queria sempre ter a certeza de que os quartos que arrendava ficavam perto das zonas de diversão. Só me mudava para sítios que estivessem repletos de pessoas, onde o martelar da música escorresse para as ruas e os carros entupissem estradas e as buzinas retumbassem. Nem teria conseguido lidar com as coisas de outro modo. Não teria conseguido lidar com a solidão. — Apesar de ela as limpar do rosto com as costas da mão, as lágrimas corriam num fluxo contínuo. — E agora é como se estivesse prestes a contrair uma doença prolongada e a morrer. Como se não fosse capaz de descer deste décimo terceiro andar, como se não fosse capaz de ir lá para fora.

— Porque é que estás a fazer um drama por causa disto? A sério, é um bocadinho demais.

No nosso primeiro ano aqui, nestes apartamentos altos, a minha mulher ficou muitas vezes doente. Estava habituada ao ambiente natural de um quarto alugado, numa das zonas mais acidentadas de Seul, e o corpo dela parecia incapaz de se adaptar a um apartamento com aquecimento central, hermeticamente fechado. Os seus níveis de energia caíram em pouco tempo, não lhe permitindo mais do que uma caminhada vigorosa sobre uma encosta íngreme, uma vez por dia, para chegar à pequena editora onde trabalhava a troco de uma ninharia.

Mas não foi por causa do nosso casamento que ela se despediu. Foi apenas depois de ela se despedir (não muito depois, na verdade) que lhe falei concretamente do casamento. Ela levantara todo o seu dinheiro (o que conseguira poupar do salário e do subsídio mensais, além de um extra que ganhava num *part-time* ao fim-de-semana) e estava a planear sair do país.

— Quero ir e renovar o sangue que tenho nas veias — disse.

Isto passou-se ao anoitecer do dia em que finalmente entregou a carta de demissão ao chefe. Ela disse-me que queria extrair o sangue mau que lhe coagulava as veias como quistos, e revitalizar os seus pulmões velhos e cansados com ar fresco. Viver e morrer livremente era o seu sonho desde criança, explicou; tinha vindo a adiá-lo porque não era a altura certa, mas agora sentia que tinha poupado o suficiente para o tornar realidade. Planeava escolher um país, ficar lá seis meses, depois mudar-se para outro sítio, e assim por diante.

— Quero fazer isto antes de morrer, sabes — disse ela, e riu baixinho. — Quero ver o fim do mundo. Chegar o mais longe possível, um bocadinho de cada vez.

Mas afinal, em vez de rumar ao fim do mundo, a minha mulher gastou as suas magras poupanças no sinal para este apartamento e nas despesas do nosso casamento. Explicou-me tudo isto numa única frase curta, dizendo que o fizera «porque não posso separar-me de ti». Quão real fora este sonho dela? Este sonho de liberdade? Tendo em conta a facilidade em abdicar dele, presumi que não muito. Tudo não terá passado de uma fantasia romântica e irrealista, e os planos dela não seriam mais viáveis do que os inventados por uma criança para uma viagem à lua. Por fim, ela ter-se-á apercebido disto sozinha, e senti-me comovido e orgulhoso ao pensar que fui a pessoa que inspirou esta tomada de consciência tardia.

Provavelmente, tudo se devia às suas angústias frequentes, mas quando vi a minha mulher parada, o rosto colado à porta de vidro da marquise e os ombros estreitos pendendo como folhas murchas de couve, enquanto fitava os carros velozes lá em baixo, senti um aperto no coração. Ela estava de tal maneira imóvel, que a única prova de vida era o leve som da sua respiração; era como se dois braços invisíveis lhe segurassem os ombros; como se uma enorme bola de ferro, presa a uma corrente invisível, a impedisse de mover um músculo sequer.

Nas profundezas da noite e nas primeiras horas da madrugada, a minha mulher acordava em sobressalto, perturbada por um táxi ou uma mota ocasionais que rugissem na rua vazia.

— É como se fosse a estrada a acelerar e não os carros; como se este apartamento estivesse a ser arrastado com a estrada — dizia ela. Mesmo depois de o barulho dos motores ter desaparecido ao longe e de o sono a ter chamado, o belo rosto da minha mulher continuava pálido como a morte.

Numa dessas noites, ela murmurou como se estivesse a sonhar, com uma voz rouca que mal se ouvia:

— Aquelas coisas todas, de onde vieram... para onde vão a correr?

4

Na noite seguinte, quando abri a porta e entrei em casa, a minha mulher estava na entrada para me receber, porventura por ter ouvido os meus passos no corredor. Estava descalça, e a curva das suas unhas dos pés, que ultimamente não cortava tantas vezes como deveria, brilhavam, brancas.

— O que disseram no hospital?

Não houve resposta. Depois de me observar em silêncio enquanto eu me descalçava, a minha mulher virou costas, puxando para trás da orelha uma mecha de cabelo baço que repousava na sua bochecha.

«Aquele semblante», pensei. Lembrei-me de quando fomos apresentados um ao outro, lembrei-me do silêncio suave depois de o meu chefe (que desempenhou o papel de intermediário) se ter levantado, deixando-nos sozinhos, e o quão desconcertado fiquei perante a expressão enigmática no rosto da minha futura mulher. Parecia que ela estava a deambular num sítio longínquo, cuja localização era secreta. Naquele rosto que à primeira vista parecia apenas alegre e encantador, descortinei uma solidão inesperada que parecia pertencer a uma pessoa totalmente diferente, e foi isso que me deu a certeza momentânea de que ela me compreendia. Também dessa vez, quando não só esta certeza mas também o álcool que eu tinha bebido me fizeram confessar-lhe que me sentira sozinho a vida toda, a mulher de vinte e seis anos que viria a casar comigo virou costas para fitar um horizonte distante, deixando-me perante o mesmo semblante frio e desolado com que me deparava agora.

— Foste ao hospital, não foste? — A minha mulher inclinou a cabeça, numa leve expressão de assentimento. Ter-se-ia virado para esconder a tez doente, ou será que eu tinha feito alguma coisa? — Vá, por favor, fala comigo. O que é que o médico disse?

— Que está tudo bem — respondeu ela, mais como uma exalação do que como uma afirmação. A sua voz era assustadoramente monótona.

Naquele primeiro encontro, o que mais me atraiu nela foi a sua voz. É uma comparação sem sentido, mas a voz dela fez-me pensar numa mesa de chá lacada e envernizada de modo elaborado; um daqueles móveis elegantes que usamos com relutância, excepto com os convidados mais importantes, e que só parecem apropriados para servir o melhor chá, nas melhores chávenas. Naquela noite, sem parecer irritada perante a confissão que eu deixara escapar, a resposta da minha mulher, no seu tom de voz sereno, habitual, tinha sido perfeitamente objectiva. E eu, disse ela, quero viver a vida toda sem me fixar num único sítio.

Depois disso, eu falei de plantas. Disse-lhe que tinha tido um sonho em que a marquise estava apinhada de grandes vasos, cada um deles cheio de alfaces verdes e de *perilla*. No Verão, desabrochavam pequenas flores nas *perilla*, como flocos de neve. E havia rebentos de feijão a crescer na cozinha, acrescentei. Aquilo arrancou um riso sumido à minha mulher, que me olhava com ar céptico, como se esta conversa sobre plantas colidisse com a ideia que ela tinha de mim. Tentando agarrar-me ao rasto deixado por aquele riso inocente e frágil, repeti as palavras:

— Senti-me sozinho a vida toda.

Depois de casarmos, coloquei vasos na marquise, como combinado, mas nenhum de nós era especialmente hábil com plantas. Por qualquer razão, mesmo as plantas mais robustas que apenas precisariam de ser regadas regularmente, murchavam e morriam sem nos darem um único rebento.

Alguém nos disse que o nosso apartamento, situado num piso elevado, estava demasiado afastado da energia do solo; também nos disseram que as nossas plantas estavam todas a morrer porque o ar e a água eram maus. Disseram-nos até que nos faltava a boa fé necessária para cuidar de coisas vivas, mas isso não era de todo verdade. A abnegação com que a minha mulher se dedicava a tratar daquelas plantas ia além de todas as expectativas. Se uma alface ou uma *perilla* murchassem, era quanto bastava para ela mergulhar numa depressão que durava metade do dia, ao passo que se uma delas parecesse agarrar-se tenazmente à vida, ela entoava uma canção alegre.

Por qualquer razão, nada durava nos vasos rectangulares da marquise, além da terra seca. Para onde teriam ido todas aquelas plantas mortas, interrogava-me? E aqueles dias chuvosos em que eu colocava os vasos no parapeito para que acolhessem os frios veios da chuva; para onde teriam ido todos esses primeiros dias?

A minha mulher virou-se para mim e disse:

— Vamos para um sítio longe, nós os dois. — Ao contrário das plantas, que arrebitavam um pouco quando as folhas absorviam a chuva revigorante, a minha mulher parecia murchar rumo a um estado depressivo mais profundo. — É impossível viver neste sítio sufocante — disse ela, esticando a mão exaurida sobre as folhas de alface, para interceptar a chuva que caía e que depois sacudiu para a marquise. — Esta chuva é nojenta — afirmou, — preta de muco e saliva. — Os olhos dela procuraram o meu assentimento. — Isto não é vida — cuspiu, — apenas parece vida. — Havia na voz dela uma hostilidade afiada, como o discurso arrastado de um bêbado: «Este país está completamente podre!» — Não percebes que é impossível que alguma coisa cresça aqui? Alguma coisa presa a este… a este *sítio* sufocante e ensurdecedor!

Não aguentei mais.

— O que é que é sufocante? — Eu já não aguentava aqueles pequenos golpes contundentes que estilhaçavam cegamente a minha recém-descoberta felicidade precária, nem o sangue de uma infelicidade há muito suprimida, que as palavras dela extraíam do seu corpo consumido. — Diz-me. — Salpiquei sobre os ombros da minha mulher a água da chuva que recolhera nas minhas mãos em concha. — O que é que é sufocante? O que é que é ensurdecedor?

A minha mulher deixou escapar um gemido fraco, fustigando a cara com as mãos alarmadas. A água fria da chuva respingava na vidraça da marquise, na minha cara. O vaso no parapeito espetou uma ponta aguçada no pé da minha mulher, antes de se partir no chão. Cacos grosseiros e pedaços de terra colaram-se à roupa dela, aos seus pés nus. Ela inclinou-se para a frente, apertou o pé magoado com ambas as mãos e mordeu o lábio inferior.

Morder o lábio era um hábito antigo; mesmo antes de nos casarmos, já ela fazia isso quando eu me zangava ou levantava a voz. Mordiscar o lábio parecia ajudá-la a organizar os pensamentos e, passado um bocado, ela começava a responder ao que eu tivesse dito ou feito, enumerando os argumentos calmamente e de forma lógica. Mas, depois daquele incidente na marquise, o lábio mordido foi a única resposta que consegui extrair dela. Depois desse dia, nunca mais discutimos.

— O médico disse que estava tudo bem? — Senti uma onda imensa de cansaço e solidão. Quando sacudi o *blazer* do fato para o despir, a minha mulher não mo tirou.

— Ele disse que não conseguia descobrir nada de errado — confirmou ela, com o rosto ainda voltado.

5

Aos poucos, a minha mulher foi deixando de falar. Não falava, a menos que falassem com ela, e mesmo então limitava-se a acenar ou a abanar a cabeça. Se eu levantasse a voz, exigindo resposta, ela limitava-se a olhar fixamente para longe, com uma expressão ambígua nos olhos. Mesmo sob a luz fosca da lâmpada fluorescente, a deterioração contínua da sua pele era agora claramente perceptível.

Uma vez que o médico não conseguira descobrir nada de errado, seria possível que, em vez de um problema físico no estômago ou nos intestinos da minha mulher, isto se tratasse de um simples caso de ansiedade? Mas o que estaria na origem dessa ansiedade?

Os últimos três anos tinham sido os mais calorosos e serenos da minha vida. O meu trabalho não era demasiado exigente, tive a sorte de o antigo proprietário não ter aumentado o sinal para o apartamento, já quase pagara a hipoteca do apartamento novo, e a minha mulher, mesmo não possuindo uma beleza estonteante, era tudo o que eu queria numa companheira; o meu contentamento era como água morna quase a transbordar, numa banheira muito cheia, acariciando o meu corpo exausto.

Qual era, então, o problema da minha mulher? Se ela estava realmente a suspirar por alguma coisa, eu não percebia que isso pudesse ser grave ao ponto de provocar uma doença psicogenética. Sempre que questionava se esta mulher tinha o direito de me infligir uma solidão tão grande, sentia todo o meu ser inundado por um repúdio sem limites, isolando-me como uma antiga camada de pó.

Na manhã do domingo seguinte, um dia antes de eu partir para estar ausente durante uma semana, numa viagem de negócios ao estrangeiro, vi a minha mulher sacudir a roupa lavada na marquise. Tinha os braços de tal maneira cobertos de nódoas negras, que as zonas brancas pareciam nódoas negras às avessas; pequenas manchas brancas por entre todo aquele azul. Recuperei o fôlego. Quando ela trouxe o cesto da roupa vazio para a sala, não a deixei passar e exigi que tirasse a roupa. Ela resistiu, mas eu despi-lhe a *t-shirt*, e vi o seu ombro tingido de um azul escuro e baço.

Cambaleei para trás e olhei para o corpo dela. Mais de metade dos pêlos, outrora espessos, que ela tinha nas axilas, tinham caído, e os seus mamilos castanhos, em tempos tão tenros e macios, tinham empalidecido.

— As coisas não podem continuar assim. Vou telefonar à tua mãe.

— Não, não, eu ligo — gritou ela, apressadamente e com a fala entaramelada, como se estivesse a mastigar a própria língua.

— Vai ao médico, estás a perceber? Vai a um dermatologista. Não, vai ao hospital — Ela anuiu, muda. — Sabes que eu não tenho tempo para ir contigo. Tu conheces o teu corpo e deves mantê-lo saudável, não? — Ela voltou a anuir. — Escuta, telefona à tua mãe. — A minha mulher continuou a anuir, mantendo os lábios cerrados. As anuências significariam que ela estava a ouvir? O mais provável era que as minhas palavras tivessem entrado por um ouvido e saído pelo outro; eu conseguia ouvi-las a cair no chão da sala, desfazendo-se como biscoitos.

6

As portas do elevador chocalharam ao abrir. Atravessei o corredor escuro, carregando a minha mala pesada, e toquei à campainha. Ninguém respondeu.

Encostei o ouvido ao aço gélido da porta. Continuei a tocar, duas vezes, três vezes, quatro vezes, verificando se ainda estava a funcionar: estava. Conseguia ouvir a campainha tocar no interior do apartamento, apesar de o efeito amortecedor da porta fazer parecer que o som vinha de um sítio muito mais afastado. Apoiei a mala de encontro à porta e olhei para o relógio. Oito da noite. Mesmo sabendo que a minha mulher tinha o sono pesado, isto era sem dúvida excessivo.

Sentia-me exausto. Não tinha comido. Por uma vez, queria evitar a chatice de procurar a minha chave.

Talvez a minha mulher tivesse telefonado à mãe e ido para o hospital, como eu sugeri, ou talvez tivesse ido para casa de familiares, no campo. Mas não, mal passei a porta, dei com a trapalhada familiar dos seus chinelos, ténis e sapatos.

Libertei os pés dos meus próprios sapatos e enfiei-os nos chinelos, registando inconscientemente o frio habitual do apartamento. Porém, antes de dar alguns passos, apercebi-me de um cheiro repugnante. Abri o frigorífico. Lá dentro, a preparação de curgete e pepino engelhara, transformando-se em grumos que escorriam.

Tinha ficado meia tigela de arroz na panela eléctrica; era evidente que já ali estava há algum tempo, porque tinha secado e colado à parte de dentro. Quando abri a tampa, o cheiro característico a arroz com alguns dias inundou-me as narinas, juntamente com o vapor ainda morno. Havia uma pilha de pratos sujos no lava-loiça, e o alguidar de plástico sobre a máquina de lavar, onde a roupa permanecia numa poça cinzenta, de água ensaboada, exalava um cheiro doce a podridão.

A minha mulher não se encontrava no quarto, nem na casa de banho, nem na divisão que usávamos para várias finalidades. Chamei-a. Ninguém respondeu. Na sala estava apenas o jornal da manhã aberto, tal como eu o deixara na semana anterior, um pacote vazio de meio litro de leite, um copo de vidro manchado de gotículas de leite solidificado, uma das meias brancas da minha mulher, virada do avesso, e uma carteira de pele falsa, tudo espalhado aqui e ali.

O rugido dos motores acelerando na estrada principal cortava a eito a massa sólida de vazio que inundava o apartamento.

Eu sentia-me cansado e tinha fome, a loiça apodrecia no lava-loiças e não havia uma única colher lavada com que eu pudesse tirar um bocado de arroz: senti-me sozinho. Regressei a uma casa vazia depois de ter viajado para tão longe, queria conversar sobre todas as coisas triviais que acontecem em voos de longa distância (como as paisagens que passam a correr pela janela dos comboios estrangeiros), não havia ninguém para perguntar «Estás cansado?» e por isso não tive oportunidade de demonstrar a minha resistência com um estóico «Estou bem». Senti-me sozinho. Por causa desta solidão, fiquei zangado. Por causa do sentimento de que, devido à insignificância do meu corpo, no fundo eu não conseguia enredar-me no tecido do mundo, por causa do frio que atravessava as minhas roupas, finas de repente, e por causa do pensamento de que tudo o que eu conquistara na vida até então tinha sido mentir a mim próprio, com êxito, sobre ser estimado, senti-me zangado. Sozinho e sem ninguém que me amasse, a minha existência bem poderia já ter sido aniquilada.

Naquele preciso momento, ouvi uma voz débil.

Virei-me na direcção do som. Era a voz da minha mulher; um murmúrio fraco, vindo da marquise, impossível de decifrar.

Instantaneamente, aquela solidão intensa metamorfoseou-se num sentimento de alívio, mas quando me dirigi à marquise senti uma explosão de irritação subindo em espiral pela ponta da língua.

— Porque é que não me respondeste, se estavas aqui? — Abri bruscamente a porta da marquise. — Isto é forma de cuidar de uma casa? Como raio tens estado a viver?

Então vi o corpo nu da minha mulher e parei.

Ela estava ajoelhada, virada para a grade que se estendia pela marquise, com os dois braços levantados como se estivesse a festejar. Todo o seu corpo estava verde escuro. O rosto dela, outrora sombrio, brilhava agora como uma lustrosa folha perene. O seu cabelo seco, cor de folhas de rabanete, estava agora tão brilhante como o caule de ervas silvestres.

Os seus olhos reluziam, pálidos, no rosto verde. Ao virar a cara para mim enquanto eu, encolhido, recuava, ela fez um movimento como se se quisesse levantar. Em vez disso, porém, espasmos inúteis percorreram-lhe as pernas, para cima e para baixo. Parecia incapaz tanto de se levantar como de andar.

A sua cintura dúctil girou dolorosamente. A língua atrofiada oscilou como uma planta aquática por entre os lábios azuis-escuros. Já não havia qualquer sinal dos seus dentes.

Uma única súplica, pouco mais do que um gemido, escapou por entre aqueles lábios enrugados e com manchas pálidas.

—... água.

Corri para o lava-loiças, abri a torneira no máximo e enchi um alguidar de plástico até transbordar. Enquanto eu me precipitava para a marquise, a água embatia nos lados do alguidar, a cada um dos meus passos apressados, caindo para o chão da sala. Mal a aspergi sobre o peito da minha mulher, todo o seu corpo tremeu, renovando-se, como acontece com a folhagem de uma grande planta. Voltei para trás e tornei a encher o alguidar, regressando para lho despejar sobre a cabeça. Os cabelos dela brotaram, como se um qualquer peso invisível tivesse estado a comprimi-los. Vi o seu corpo verde, cintilante, reflorescer com o meu baptismo. Fiquei tonto.

A minha mulher nunca tinha sido tão bonita.

7

Mãe.

Já não sou capaz de te escrever cartas. Ou de vestir a camisola que ficou aqui. Aquela camisola de lã cor de laranja que deixaste cá sem querer, quando vieste visitar-nos no Inverno passado.

Usei-a no dia a seguir a ele ter partido em viagem de negócios. Sabes como eu sinto o frio.

Não tinha sido lavada, por isso ainda cheirava a comida estragada, um odor que se misturava com o da tua pele. Noutro dia qualquer era provável que eu a tivesse lavado, mas estava tanto frio e, além do mais, eu queria continuar a respirar aquele odor, por isso não a despi e até adormeci com ela. Na manhã seguinte, a geada ainda não tinha soltado as suas garras, e talvez por eu sentir tanto frio e tanta sede, quando a luz da manhã finalmente atravessou a janela do quarto, deixei escapar o tal gemido: *mãe*. Queria envolver-me naquela luz morna, e por isso saí para a marquise e tirei a roupa. Os raios de sol que penetravam a minha carne nua lembravam-me tanto o teu cheiro, que me ajoelhei ali e chamei alto *mãe, mãe*. Nenhuma outra palavra.

Pergunto-me quanto tempo terá passado. Dias, semanas, meses? Depois de me ter apercebido de que o ar não estava particularmente quente, reparei que a temperatura aumentara ligeiramente, e depois descera também ligeiramente.

A qualquer momento, as janelas dos apartamentos longínquos, para lá do Rio Chungnang, resplandecerão com uma luz cor de laranja.

As pessoas que vivem lá conseguirão ver-me? E os carros que aceleram na estrada principal, com as luzes fumegantes que saem dos faróis? O que é que pareço agora?

*

Ele tem sido muito amável. Comprou um vaso enorme e plantou-me nele. Aos domingos, passa a manhã inteira sentado no umbral da marquise, a apanhar afídios.

Ele, que costumava estar sempre exausto, escala a montanha por trás do nosso prédio todas as manhãs e traz um balde de água mineral com que me rega as pernas (lembrou-se de que eu não gosto de água da torneira). Há algum tempo, esvaziou o meu vaso e substituiu a terra com uma braçada de solo rico e novo. Quando a chuva da noite anterior limpa alguma da poeira da cidade, ele abre a porta do apartamento e as janelas de par em par, para que o ar fresco circule.

*

É estranho, mãe. Mesmo sem ver, ouvir, cheirar e saborear, sinto tudo mais fresco, mais vivo. Detecto a fricção bruta dos pneus dos carros roçando o asfalto, as reverberações minuciosas dos passos dele quando abre a porta da frente e caminha até mim, o ar saturado da chuva, insuflado de sonhos férteis, a meia luz cinzenta da madrugada.

Sinto botões a germinar e pétalas a desabrochar em sítios próximos e longínquos, larvas a emergir de crisálidas, cães e gatos parindo as suas crias, o trémulo pára-arranca da pulsação do homem velho do prédio do lado, os espinafres a cozer numa panela na cozinha por cima, um molho de crisântemos dispostos numa jarra ao lado do gramofone, no apartamento de baixo. Dia e noite, as estrelas descrevem uma parábola calma, e sempre que o sol nasce os sicómoros que ladeiam a auto-estrada inclinam os corpos sedentos para leste. O meu próprio corpo reage de modo semelhante.

Consegues perceber? Em breve, sei-o, perderei também o pensamento, mas estou bem. Há muito tempo que eu sonhava com isto, ser capaz de viver somente do vento, da luz do sol e da água.

★

Pensamentos de quando era nova: quando corria para a cozinha e enterrava a cara na tua saia, aquele cheiro delicioso; o cheiro a óleo de sésamo, a sementes de sésamo fritas. Estava sempre com as mãos na terra, tu sabes. As minhas mãos manchadas de terra que te sujavam a bainha da saia.

Que idade teria? Aquele dia de Primavera obscurecido pelos chuviscos, o pai a pôr-me em cima do escarificador eléctrico e a levar-nos à costa. O riso despreocupado de adultos usando impermeáveis, crianças com o cabelo molhado colado à testa, saltitando e acenando, os rostos a rodopiar, enevoados.

Aquela aldeia pobre, perto do mar, era o teu mundo todo. Tinhas nascido ali e crescido ali. Deste à luz ali, trabalhaste ali, envelheceste ali.

A qualquer momento serás depositada ali, no jazigo da nossa família, ao lado do pai.

Foi o medo de acabar como tu, mãe, que me fez criar tanta distância entre mim e a minha casa. Sair de casa aos dezassete anos, as zonas urbanas de Busan, Daegu, Gangneung, por onde vagueei sem rumo durante mais de um mês, mantiveram-se na minha memória. Mentir sobre a minha idade num restaurante japonês, fazer tarefas sozinha, fins de tarde enrolada em posição fetal, na sala de leitura — eu gostava daquele sítio. As luzes estonteantes das zonas urbanas, o *glamour* cintilante dos seus habitantes.

Não sei quando me apercebi pela primeira vez de que acabaria velha e arruinada, a vaguear por estas ruas pejadas de estranhos. Eu era infeliz em casa e igualmente infeliz noutros sítios, por isso, diz-me, para onde deveria ter ido?

Nunca fui feliz. Haverá uma alma torturada sempre atrás de mim, agarrada à minha garganta, aos meus membros? A única coisa que sempre quis foi fugir, um impulso tremendamente vital, a dor que causa um gemido, o beliscão que provoca um grito. Sentada na parte de trás do autocarro, os joelhos levantados, o ar de quem não faria mal a uma mosca, e o tempo todo a desejar partir a janela com o punho. Sequiosa do sangue que escorreria pela palma da minha mão, tê-lo-ia sorvido como um gato faz com o leite. De que é que eu estaria a tentar fugir, o que é que me atormentaria tanto para eu ansiar fugir para o outro lado do mundo? E o que me prendia, refreando-me, incapacitando-me? Que grilhões me puxavam para baixo, impedindo o salto que renovaria este sangue repugnante?

*

O velho médico bateu repetidamente no estetoscópio com o dedo, murmurando que as minhas entranhas estavam tão silenciosas como um túmulo. Que os únicos sons eram ecos de rajadas de um vento distante. Pousou o estetoscópio na mesa e girou o monitor da ecografia. Eu fiquei quieta enquanto ele me espalhava um gel viscoso na barriga e esfregava a minha carne com uma ferramenta fria em forma de pau, viajando metodicamente para baixo, do plexo solar ao ventre. Ao que parecia, aquele aparelho emitiu para o monitor uma imagem a preto e branco das minhas entranhas.

— Está tudo normal — murmurou ele, fazendo estalidos com a língua. — Agora estamos a ver os seus intestinos… não há nada de errado com eles.

Foi tudo declarado «normal».

— O estômago, o fígado, o útero, os rins: estão todos bem.

Porque é que ele não conseguia ver que esses órgãos estavam lentamente a atrofiar e que em breve desapareceriam? Limpei a maior parte do gel com um molho de lenços, mas quando tentei levantar-me, ele disse-me para me voltar a deitar. Pressionou a minha barriga, em vários sítios diferentes; não foi particularmente doloroso. Eu ia olhando para o seu rosto com óculos, ao mesmo tempo que ele lançava um «Isto dói?» casual, sempre a abanar a cabeça.

— Aqui está bem?
— Não dói aqui?
— Não dói.

Levei uma injecção e, no caminho para casa, voltei a vomitar. Agachei-me na estação de metro, com as costas apoiadas na parede de tijolo. Ia contando enquanto esperava que a dor diminuísse. O médico disse-me para relaxar, percebes, para ter pensamentos confortáveis, apaziguadores. Tudo se resumia à mente, dissera ele, no tom de um mestre budista. Pensamentos apaziguadores, pensamentos confortáveis, um, dois, três, quatro, uma paz interminável, ia contando à medida que tentava não vomitar… a dor deixou-me de lágrimas nos olhos; convulsões arrebatavam-me ao mesmo tempo que eu expelia ácido gástrico, outra vez, outra vez, até que finalmente não sobrou nada e deixei-me afundar no chão. Esperei que o chão turbulento parasse, raios, que parasse apenas.

Há quanto tempo foi isto?

★

Mãe, eu continuo a ter o mesmo sonho. Sonho que estou a ficar tão alta como um álamo. Furo o tecto da marquise e o da marquise do andar de cima, o décimo quinto andar, o décimo sexto andar, sempre a crescer através do cimento e a fortalecer os ramos, até irromper pelo telhado, mesmo no topo. As flores, como larvas brancas, contorcem-se até desabrocharem nas minhas extremidades mais altas. A minha traqueia suga água límpida, tão tensa que parece que vai rebentar, o meu peito cresce para o céu e eu esforço-me por esticar cada membro que ramifica. É assim que eu escapo deste apartamento. Todas as noites, mãe, todas as noites o mesmo sonho.

★

Os dias estão a ficar mais frios. Também hoje este mundo terá visto muitas folhas a caírem para o chão, muitas serpentes trocam de pele, muitos insectos perdem as suas curtas vidas, e muitas rãs começam a hibernação invernosa, um pouco antes do tempo.

Continuo a pensar na tua camisola. A memória do teu cheiro já não é tão nítida. Quero pedir-lhe que ma ponha por cima, mas já perdi a fala. O que posso fazer? Ele chora ao ver-me definhar e também fica zangado. Como sabes, eu era a única família que ele tinha. Vejo as suas lágrimas mornas misturando-se com a água mineral que ele verte sobre mim. Sinto as moléculas de ar que se desorganizam, o punho cerrado agitando-se, sem alvo.

*

Tenho medo, mãe. Os meus membros começaram a cair. Este vaso é demasiado apertado, as suas paredes são demasiado fortes. Sinto dores dilacerantes nas pontas das raízes. Mãe, vou morrer antes de o Inverno chegar.

E duvido de que volte a florescer neste mundo.

8

Mais tarde, na mesma noite em que cheguei da viagem de negócios e depois de ter encharcado a minha mulher com três alguidares cheios de água, ela vomitou uma quantidade abundante de ácido gástrico amarelo. Vi os seus lábios a contraírem-se e a coserem-se depressa um no outro, carne na carne, perante os meus olhos. Ao tactear com os meus dedos trémulos aqueles lábios com manchas pálidas, ouvi finalmente uma voz débil, tão fraca que não consegui perceber o que dizia. Foi a última vez que escutei a voz da minha mulher. Depois disso, não houve sequer um gemido.

Um molho de raízes, espesso e branco, germinou do interior das suas coxas. Flores vermelhas escuras desabrocharam-lhe no peito. Caules geminados, brancos nas pontas, amarelados e espessos nas raízes, perfuraram-lhe os mamilos. Quando as suas mãos erguidas ainda eram capazes de exercer uma leve pressão, a minha mulher tentou agarrar o meu pescoço. Olhando para aqueles olhos, nos quais restava ainda uma luz desmaiada, dobrei-me para a frente, aceitando o abraço daquelas mãos que se pareciam com pétalas de camélia.

— Estás bem? — perguntei. Brilhando na superfície lacada dos seus olhos (um par de uvas maduras), avistei o fantasma de um sorriso.

À medida que o Outono se tornava mais intenso, vi uma luz clara, cor de laranja, impregnar aos poucos o corpo da minha mulher. Quando abria a janela, os seus braços esticados agitavam-se levemente, movendo-se ao sabor do vento.

Quando o Outono se aproximou do fim, as folhas dela começaram a cair aos pares e aos trios. O seu corpo mudou devagar, passando do antigo laranja a um castanho opaco.

Pensei na última vez que dormira com a minha mulher.

Em vez do odor azedo a fluidos corporais, senti um aroma desconhecido, levemente doce, vindo da sua metade inferior. Naquela altura, limitei-me a assumir que ela teria mudado de marca de sabonete ou que, tendo tido um pouco de tempo, decidira passá-lo a borrifar umas gotas de perfume lá em baixo. Há quanto tempo acontecera tudo isso?

Agora, a sua forma mal retém vestígios do bípede que fora. As pupilas dela, que pareciam ter-se metamorfoseado em uvas redondas e brilhantes, estão gradualmente a ser enterradas sob caules castanhos. A minha mulher já não consegue ver. Não consegue sequer dobrar as pontas dos ramos. Mas quando ia à marquise tinha uma sensação vaga, que desafiava qualquer linguagem, como uma ténue corrente eléctrica que pulsava do corpo dela para o meu. Quando caíram as folhas que em tempos tinham sido as mãos e o cabelo da minha mulher, e se abriu o sítio onde os seus lábios se tinham fundido um no outro, libertando um punhado de frutos, essa sensação terminou, como um fio ténue que se parte.

Os pequenos frutos irromperam juntos, como sementes de romã. Recolhi-os nas minhas mãos e sentei-me no umbral entre a marquise e a sala. Aqueles frutos, que eu via pela primeira vez, eram verde-amarelados. E eram duros, como as sementes de girassol que se servem com pipocas, a acompanhar cerveja.

Peguei num e pu-lo na boca. A casca suave não tinha qualquer cheiro ou sabor. Mastiguei-o. O fruto da única mulher que eu tive nesta terra. A primeira coisa que o meu palato captou foi um gosto ácido, que quase queimava, e o sumo que se colou à raiz da minha língua não deixou mais do que um sabor amargo, residual.

No dia seguinte, comprei uma dúzia de vasos pequenos e redondos e, depois de os encher com solo fértil, plantei neles os frutos. Alinhei os pequenos vasos ao lado do da minha mulher murcha e abri a janela. Debrucei-me sobre a grade e fumei um cigarro, saboreando o cheiro a relva fresca que aflorara de repente das zonas inferiores da minha mulher. O vento frio do fim do Outono agitou o fumo do cigarro e o meu cabelo comprido.

Quando a Primavera viesse, será que a minha mulher voltaria a desabrochar? As suas flores vermelhas resplandeceriam? Eu não sabia. ■

Originalmente publicado na *Granta* 133, Janeiro de 2016.

COLECÇÃO PESSOA, DIRIGIDA POR JERÓNIMO PIZARRO
fernando pessoa
eu sou uma antologia
136 autores fictícios
edição de jerónimo pizarro e patricio ferrari
TINTA DA CHINA
livro do desass ossego
fernando pessoa
edição de jeronimo pizarro
TINTA DA CHINA
fernando pessoa
obra completa de alberto caeiro
edição de jerónimo pizarro e patricio ferrari
TINTA DA CHINA
o silêncio das sereias
ensaio sobre o livro do desas sosse go
paulo de medeiros
TINTA DA CHINA
fernando pessoa
fausto
a mais incerta das certezas
itinerário poético de fernando pessoa
pierre hourcade

jerónimo
pizarro
ler pessoa
TINTA DA CHINA
obra completa
álvaro
de campos
edição de jerónimo pizarro e antonio cardiello
TINTA DA CHINA
fernando pessoa
sobre o
fascismo,
a ditadura militar e salazar
edição de josé barreto
TINTA DA CHINA
teatro
estático
fernando
pessoa
edição de filipa de freitas e patricio ferrari
TINTA DA CHINA
fernando pessoa
obra completa de
ricardo reis
edição de jerónimo pizarro e jorge uribe
TINTA DA CHINA
como
fernando
pessoa
pode mudar
a sua vida
primeiras lições
carlos pittella e jerónimo pizarro
TINTA DA CHINA
SAIBA MAIS
EM WWW.TINTADACHINA.PT
eu sou uma antologia
136 autores fictícios

A TERCEIRA MARGEM DO RIO

Marcos Chaves

O PAÍS DA PROPAGANDA

Peter Pomerantsev

TRADUZIDO DO INGLÊS POR MARIA DO CARMO FIGUEIRA

1

De entre todas as coisas que Tetyana imaginara poder vir a ser um dia, soldado nunca fora uma delas. E no entanto aqui estava: não um soldado comum, mas antes uma espécie de general, alguém com poder para decidir a vida e a morte. Em casa do pai, sentada, ainda de pijama, com a mão a pairar sobre o teclado, sabia que se carregasse numa tecla poderia condenar muitas pessoas muito reais a uma morte muito real; e se carregasse noutra poderia condenar a revolução e tudo aquilo por que ela, os seus amigos e milhares de outras pessoas tinham lutado.

Tetyana geria a página de Facebook do Hromadske Sektor (o Sector Cívico), um dos principais grupos da revolução ucraniana, de oposição ao presidente Yanukovich e aos seus apoiantes no Kremlin. A sua missão era difundir a ideia de uma mudança pacífica e positiva: vídeos de um manifestante a tocar piano na rua perante uma fileira de polícias de choque; imagens de manifestantes empunhando espelhos contra as forças de segurança; o desenho de um polícia a agredir um manifestante, sendo que o polícia tinha uma arma na mão, enquanto o manifestante "disparava" com um símbolo do Facebook. Yanukovich controlava os meios de comunicação tradicionais, mas os activistas conseguiam, através da Internet, organizar tudo, desde assistência médica a apoio jurídico, coordenando uma imensa legião de revoltosos e angariando fundos para alimentação e abrigo junto de ucranianos que viviam no estrangeiro.

Tetyana conseguira que o número de cliques na página fosse crescendo sempre ao longo dos muitos meses de protestos. O Hromadske Sektor tinha 45 000 seguidores e 150 000 aderentes aos seus eventos: pessoas que não confiavam nos políticos, mas que acreditavam em dirigentes civis e em voluntários como Tetyana. Ela aderiu ao Hromadske porque queria fazer parte de um momento histórico; queria ter algo para um dia contar aos seus filhos. Mas só lhe dedicava uma parte do seu tempo. Colocava *posts* na página da mesma forma que escrevia notícias para o seu verdadeiro emprego como jornalista financeira. Garantia a si própria que não misturaria as coisas; era a favor da democracia e dos direitos humanos, mas não se deixaria enredar na desinformação; não sujaria as mãos.

Tetyana fazia o turno da manhã. Normalmente, ficava em Kiev mas, por acaso, naquele dia estava na sua terra natal, Luhansk, uma das principais cidades da região oriental do país, conhecida como Donbas, onde a maioria das pessoas via a televisão estatal ou a televisão russa, ambas retratando a revolução — apelidada de "Maidan", o nome da praça onde os revoltosos se juntavam — como uma conspiração neofascista, orquestrada pelos Estados Unidos. Quando estava em trabalho, Tetyana nunca falava do que fazia para o Hromadske Sektor.

Acordara às nove da manhã e ligara o computador para ver as imagens da Maidan em directo. A princípio, pensou que, por engano, tinha escolhido um canal onde passava um filme de acção — atiradores furtivos a dispararem sobre as pessoas, sangue pelas ruas. Depois, o telefone tocou: eram activistas que estavam na Maidan a transmitir mensagens dos dirigentes do Hromadske Sektor. Ouviam-se tiros ao fundo e, após um pequeno lapso de tempo, Tetyana ouviu-os também na transmissão em directo.

— Convoca as massas para a Maidan. Precisamos de toda a gente aqui.

Mas, ao mesmo tempo, Tetyana ia vendo os *posts* que incessantemente apareciam no Facebook de pessoas que estavam na praça, a avisarem toda a gente para que fugisse e se pusesse a salvo. Os activistas não paravam de lhe ligar a exigir que convocasse os seguidores da página.

— Mas estão a matar pessoas — dizia Tetyana.

— Os atiradores vão parar de disparar se aparecerem mais pessoas.

— E se não pararem?

— A decisão é tua.

Não era a primeira vez que sentia o seu instinto jornalístico a sobrepor-se às suas lealdades revolucionárias. Umas semanas antes, por entre as tempestades de neve, os militantes do Pravy Sektor (o Sector da Direita), pagão, nacionalista, com as caras tapadas por balaclavas, tinham começado a atirar *cocktails molotov* à polícia de intervenção. Até então, poucos tinham ouvido falar do Pravy Sektor. Eram só umas centenas de pessoas, mas a publicidade em torno da sua violência tinha-lhes dado enorme visibilidade nas redes sociais. Os miúdos sedentos de ultraviolência estavam a juntar-se a eles.

Tetyana não concordava com a violência nem com a ideologia do Pravy Sektor. A Maidan estava cheia de diferentes "sectores", incluindo neocossacos e neofascistas, que tinham conseguido organizar-se com a ajuda da Internet. Esses sectores não tinham praticamente nada em comum, mas não parecia correcto atacar pessoas que estavam a ser agredidas pela mesma tropa de choque que espancava os seus companheiros.

O Hromadske Sektor decidira ignorar a violência do Pravy Sektor, mas Tetyana não conseguia ignorar o massacre que decorria na Praça Maidan naquela manhã. Qual era o seu papel? Seria, em última análise, uma propagandista? Uma jornalista? Estava a fazer uma reportagem sobre a guerra, ou a tomar parte na guerra? Sempre que alguém escreve um *post* ou um *tweet*, ou apenas partilha o que recebeu, torna-se uma pequena máquina de propaganda. Neste novo fluxo de informação, cada um tem de estabelecer os seus próprios limites. Tetyana estabelecera o seu. Recusava-se a encorajar as pessoas a irem para a Maidan. Iria apenas transmitir o que estava a acontecer, e as pessoas que decidissem por si próprias.

Vários dirigentes do Hromadske Sektor tinham entrado na página e apelavam às massas que acorressem à Maidan. Naqueles dias, morreram 103 manifestantes. Mas a multidão continuava a encher a praça, e a revolução triunfou. O presidente Yanukovich fugiu para a Rússia, e os dirigentes do Hromadske Sektor juntaram-se aos partidos políticos e candidataram-se às eleições. Tetyana não queria envolver-se na política partidária, e abandonou o movimento.

O Kremlin começou então a enviar represálias: a televisão russa passou a difundir um sem-número de notícias falsas sobre a intenção do Pravy Sektor de matar os membros da etnia russa da Crimeia, que constituía a maioria da população. Em Sebastopol, capital da Crimeia, grupos de cossacos, partidos separatistas e sacerdotes ortodoxos (todos financiados pelo Kremlin) levaram a população a pedir a Putin que os salvasse. E ele fez-lhes a vontade, anexando a península.

A televisão russa ia difundindo notícias assustadoras sobre o Pravy Sektor que, segundo eles, iria matar também os russos no Leste da Ucrânia. A Internet, meio de comunicação através do qual a revolução ganhara força, ficou inundada de conteúdos fornecidos pelo Kremlin e criados por "organizações de *trolls*" instaladas em zonas suburbanas da Rússia. Pagavam centenas de dólares por dia a estudantes para publicarem imagens, comentários e vídeos, que semeavam a confusão, a hostilidade e o pânico. O comandante supremo aliado da NATO disse que se tratava do maior *blitzkrieg* de informação da história.

Quando Babar Aliev acordou em Severodonetsk, tinha cinquenta novos *trolls* a segui-lo no Twitter. Severodonetsk fica no Leste da Ucrânia, a poucos quilómetros da fronteira onde as tropas russas estavam a juntar-se. Os fóruns da Internet de Severodonetsk tinham sido inundados pelo boato de que o Pravy Sektor se preparava para derrubar a estátua de Lenine, erguida na cidade como símbolo da sua orientação pró-russa. Para a defender, juntou-se uma multidão heterogénea de grupos pró-russos locais — cossacos e lutadores profissionais, fãs de Laser Tag e de clubes literários. O boato era falso. Alguém queria apenas provocar os pró-russos.

Não seria difícil. Severodonetsk não é uma cidade com grande lealdade histórica ao estado ucraniano. Foi-se erguendo nas décadas de 1950 e 1960: uma quadrícula perfeita de blocos de apartamentos ao estilo soviético, rectângulos brancos modernistas dispostos em redor de várias instituições de ensino científico e fábricas de produtos químicos. Como aconteceu um pouco por todo o Leste da Ucrânia, a população veio da URSS. Depois da Segunda Guerra Mundial, era um dos poucos lugares da União Soviética para onde se podia ir sem documentos, uma artimanha burocrática para aliciar trabalhadores para a indústria pesada da região. Após o colapso da União Soviética, a cidade foi empobrecendo: as fábricas fecharam e foram despojadas de tudo o que tivesse valor; nos blocos de apartamentos, modernistas e impecáveis, abriram-se fendas, e a tinta começou a estalar. Hoje em dia, a mistura da simetria com a delapidação confere à cidade um aspecto abandonado, com os habitantes transformados em cobaias que podem comer-se umas às outras. Para muita gente, a Rússia afigura-se mais atractiva.

Babar (filho de um azeri e de uma siberiana) reparou que os grupos pró-russos tinham começado a proliferar em 2012, na mesma altura em que Vladimir Putin se confrontava com enormes protestos em Moscovo contra o seu governo. Quando começaram as manifestações na Maidan, apareceram mais grupos. Na altura, não deu qualquer importância ao facto — para todos os efeitos, a Ucrânia era uma democracia. Mas nos últimos tempos começara a desconfiar de que alguém andava a planear qualquer coisa já há muito tempo. Durante o dia, os pró-russos juntavam-se na praça principal, onde os sacerdotes ortodoxos do patriarcado de Moscovo e o Partido Comunista organizavam comícios diários, apelando à unificação com a Rússia e acusando o movimento da Maidan de ser encabeçado por fascistas e alimentado pelas drogas.

Babar estava em Kiev durante a Maidan. Sentira que a revolução tinha sido um enorme passo em frente e assistira com tristeza às agressões da polícia de choque aos estudantes. Viu o partido de Yanukovich a roubar as empresas e a pilhar o país: era um governo que funcionava como um esquema de extorsão montado por Putin. E Babar conhecia esses esquemas. Em meados da década de noventa, ainda adolescente, fora líder de um gangue. A sua especialidade era planear e executar assaltos complicados. Depois, passou a roubar metais preciosos nas fábricas de produtos químicos — ouro e platina (consultara a tabela periódica). Deixou essa vida depois de ser apanhado (tinha estudado Direito e sabia quem subornar para sair da prisão). Mas, muito depois de se estabelecer como *web designer* e uma espécie de relações públicas através da Internet, ainda mantinha o espírito destemido, os fatos à prova de bala e o olhar rápido de rufia esperto, mas também o sorriso aberto e maravilhado de uma criança que dá os primeiros passos. Em Severodonetsk, muitas pessoas ainda tinham dificuldade em acreditar que Babar tivesse criado "uma aversão a divisões", como ele próprio dizia.

Durante o tempo em que estivera envolvido na Maidan, Babar seguia no Facebook os pró-ucranianos de Severodonetsk. E, agora, usava as informações que obtivera para combater os separatistas *online*, para transformar a vida deles num pesadelo, como os russos costumam dizer. Babar divulgou a notícia de que os separatistas tinham agredido activistas *gay*, e que vinha um batalhão de fascistas *gay* da Holanda para os vingar. Era uma história ridícula, mas houve uns quantos separatistas que caíram nela, fazendo figura de idiotas. Babar também inventou que havia duzentos agentes do Pravy Sektor escondidos em apartamentos em Severodonetsk; que registavam os nomes dos motoristas de táxi a favor de que a Rússia anexasse Severodonetsk; que andavam nos eléctricos a ouvir as conversas das pessoas; que, quando ouviam alguém falar a favor dos separatistas, obrigavam essa pessoa a sair do eléctrico e faziam-na desaparecer. Os portais dos separatistas estavam em pânico, e Babar sentiu que estava a ganhar a guerra da desinformação. Queria que os separatistas duvidassem de tudo e perdessem a cabeça — queria fazer-lhes o mesmo que o Kremlin estava a fazer à Ucrânia.

Também tentou levar para as ruas uma coligação pró-ucraniana. Mas como poderia ele motivar as pessoas, se não havia uma ideia global apelativa da Ucrânia, e se cada tribo da cidade vivia na sua própria bolha de informação? Babar recorreu aos seus velhos amigos, os cabecilhas do crime organizado, conhecidos por "Vor v Zakone" (ladrões de direito), que viviam segundo o estrito código prisional. Alguns tinham pertencido ao primeiro gangue de Babar, antes de ele largar essa vida. "Como é que é possível que vocês estejam do lado da bófia?", perguntou-lhes no velho calão da prisão, o *Fenya*, que os Vor v Zakone ainda utilizavam entre si. "Vocês costumavam ser 'presos honestos' (alguém que vive de acordo com as leis da prisão), e agora são 'chibos' (o mais baixo a que se pode chegar)."

Mas, afinal, era tudo uma questão de dinheiro: Babar fez com que os gangues percebessem o quanto os seus negócios perderiam se fossem invadidos pelo Kremlin. Decidiram apoiar a Ucrânia e deram-lhe homens e armas. E o mesmo fizeram os cabecilhas do crime de extorsão, depois de ele lhes mostrar de que lado estavam os seus interesses. Tinham mesmo a certeza de que queriam *gangsters* russos no seu território? E, enquanto os gangues locais tivessem a polícia ucraniana no bolso, talvez a polícia russa tivesse outras ideias.

A seguir, Babar foi ter com os homens de negócios. "Vocês já foram à Europa", disse-lhes. "Já viram como é mais fácil fazer negócios lá; sem terem a maçada de subornar os burocratas e sem os gangues a exigirem dinheiro para vos protegerem. O objectivo da Maidan é que tenhamos as regras da Europa. Não querem isso?" Os homens de negócios também ficaram do lado dele.

Agora que já tinha a sua coligação, Babar foi em busca do apoio dos activistas da Maidan com ligações ao novo governo. Na sua opinião, bastariam algumas forças especiais. Na Primavera de 2014, as cidades do Leste iam sendo tomadas, uma a uma, pelos separatistas apoiados por forças especiais da Rússia, que hasteavam a bandeira da República Popular de Donetsk e Luhansk. Babar ficou à espera de um sinal de Kiev, que nunca chegou. Começou a desconfiar de que a Donbas tinha sido um negócio — Moscovo ficaria com o Leste da Ucrânia a troco de dinheiro e paz. Em Abril, os separatistas tomaram o poder em Severodonetsk. O governo local recebeu-os de braços abertos, arriou a bandeira da Ucrânia e substituiu-a pela bandeira tricolor da República Popular de Luhansk. O que mais custou a Babar foi os separatistas só terem mandado três homens para o irem buscar. Quando fora preso nos anos noventa, a polícia tinha mandado três carrinhas com polícia de intervenção, usando coletes à prova de bala e tudo. Desta vez, tinham sido apenas três tipos armados, que o meteram num comboio para Kiev.

Em Julho, os ucranianos já tinham feito renascer o seu exército decrépito, agora reforçado por batalhões de voluntários, incluindo o Pravy Sektor, a que aderiam cada vez mais pessoas. O exército ucraniano cercou Severodonetsk e atacou-a com artilharia pesada. Os separatistas recuaram para o centro das suas novas repúblicas, as zonas em redor das cidades de Donetsk e Luhansk.

Babar regressou, mas não se sentiu vitorioso. Encontrei-me com ele num restaurante de Severodonetsk, onde retumbavam os pratos da bateria de uma *girls band* russa. Disse-me que quem mandava na cidade eram os mesmos políticos e os mesmos polícias que tinham apoiado os separatistas. Queixou-se dos soldados ucranianos e dos batalhões de voluntários, alguns dos quais tinham marginalizado os habitantes locais — houve tiros por causa de uma rixa num bar. Pior ainda, um dos batalhões de voluntários decidira exercer a sua autoridade sobre uma das máfias locais, obrigando um *gangster* a atravessar o rio a nado. Quando ia a meio, deram-lhe um tiro na cabeça. Babar achava que não era assim que se formavam coligações.

— O pior de tudo — disse-me — é que tenho de andar outra vez armado. Há dez anos jurei nunca mais pegar numa arma. Mas arrependi-me desse juramento quando os separatistas me apareceram à frente. Da próxima vez, vou estar preparado.

Perguntei-lhe quais eram os seus planos para o futuro. O seu negócio de *websites* falira durante a guerra. Disse que queria criar centros de formação em literacia para os *media*, para ajudar as pessoas a distinguirem entre informação e desinformação *online*.

Mas não teria ele próprio recorrido à desinformação, quando, com os seus boatos falsos, transformara a vida dos separatistas num pesadelo? Como é que ele articulava isso com a promoção de campanhas de literacia nos *media*?

— Acredito na desinformação para o outro lado e na literacia nos *media* para o meu lado — respondeu Babar, com um sorriso.

2

"Ainda és vivo separatista? Por qt tempo +?", dizia o SMS que Andrey Shtahl recebeu no telemóvel.

— Como sempre, o número é desconhecido — comentou. Parecia habituado a receber aquele tipo de mensagens e estava mais preocupado pelo facto de os activistas pró-ucranianos de Kramatorsk, a sua terra natal, terem divulgado uma morada antiga, quando o incluíram numa lista de "traidores". "E se eles desatam a bater na pessoa que lá vive agora — alguém que não tem rigorosamente nada a ver com isto?"

Andrey trabalha no jornal municipal de Kramatorsk. Quando os separatistas tomaram a cidade e declararam que ela fazia parte da República Popular de Donetsk, a maioria dos funcionários fugiu, mas Andrey ficou e assumiu o lugar de editor. O seu jornal publicava notícias sobre esgotos e trabalhos na estrada e em escolas, sem nunca aflorar a política. Foi isso que o salvou quando o exército ucraniano recuperou a cidade. Preso por um pelotão de voluntários pró-ucranianos e levado para Dnepropetrovsk, espancaram-no e mantiveram-no preso durante três dias com um saco na cabeça, mas acabaram por libertá-lo.

É a poesia de Andrey, e não o seu trabalho como jornalista, que lhe causa problemas junto dos activistas pró-ucranianos.

— Na poesia posso ser eu próprio. O presidente da República Popular de Donetsk gosta da minha poesia e, em resposta, publica versos improvisados no Facebook.

Atravessámos o impecável parque da cidade de Kramatorsk e descemos uma grandiosa avenida soviética, de estilo neoclássico, até chegarmos a um café com Wi-Fi para podermos pesquisar a poesia dele. Ao longe, via-se o sol a brilhar nas colinas da Donbas.

Havia dezenas de páginas com versos de Andrey nos fóruns de poesia locais. Fomos avançando até chegar à sua obra mais recente. Começava com uma sátira sobre a Maidan, ao estilo de um poema soviético para crianças:

> Irão criar aqui um inferno e uma noite de horrores,
> E transformar-te a ti, meu herói, num sodomita.

— Eu fui contra a Maidan — diz-me Andrey. — Pressenti logo que ia dar em guerra. Às vezes, consigo adivinhar o futuro. — Tinha crescido com os jovens que se juntaram às forças separatistas em Kramatorsk. A sua poesia reflecte a forma descuidada e caótica com que decidiram pegar em armas e tomar o poder. — Foram os drogados e *gangsters* locais, os filhos dos polícias e dos oficiais. Como é que eu podia odiá-los? Ninguém ouve a Donbas.

Ninguém ouve a Donbas. Ouvi muitas vezes esta frase no Leste, um *slogan* significando que os políticos de Kiev não compreendiam as necessidades locais. À medida que o conflito se estendeu para Leste, a poesia de Andrey foi-se tornando mais sombria:

> Dantes era músico e artista,
> Mas agora acordei separatista...
> Vivo em Rus, Rus ainda não pereceu!
> O que eu queria era ouvir que o primeiro-ministro morreu!

Muita da sua poesia evoca canções e motivos soviéticos. Andrey vive assombrado por uma recordação da adolescência, quando foi com a escola numa viagem à Lituânia, em 1991, e viu a multidão a tentar derrubar uma estátua de Lenine. Durante o longo percurso de comboio de regresso a Donetsk, escreveu o seu primeiro poema, uma alegoria da União Soviética como um comboio já muito velho e um país à beira da guerra civil.

— Havia Lenines a caírem nessa altura e agora estão a cair outra vez — diz com um suspiro. — Já nesse tempo eu tinha um mau pressentimento em relação ao futuro.

Quando nos encontrámos em Kramatorsk, o governo de Kiev acabara de promulgar uma série de leis proibindo que as ruas tivessem nomes e símbolos soviéticos. A estátua de Lenine da praça central já tinha sido derrubada, deixando um pedestal vazio com uma bandeira da Ucrânia lá presa. Essas directivas foram impostas por um antigo dirigente do Hromadske Sektor, Volodymyr Viatrovych, e condenadas pela Organização para a Segurança e Cooperação na Europa, por serem "vagas e potencialmente autoritárias". Viatrovych defendera que as leis faziam parte da guerra de informação contra o Kremlin, com a sua divulgação constante de filmes e campanhas soviéticas nas redes sociais que refazem o presente como uma guerra perpétua contra o eterno retorno dos fascistas. Mas estas leis anti-soviéticas fizeram um favor ao Kremlin, ao deslocarem o discurso político sobre a Maidan do futuro para o passado.

— Foram os comunistas que construíram tudo o que há aqui. Todas as pessoas que conseguiram fazer alguma coisa pertenciam ao partido. Porque é que havemos de os esquecer? — disse Andrey. — Há aqui muita gente que não consegue dizer abertamente o que pensa. E, então, vivem *online*, e é importante para essas pessoas não estarem sozinhas. Percebo muito bem aquilo por que estão a passar.

Reparei que era *online* que a nostalgia de Andrey se alimentava. A profusão de novos meios de comunicação impedia uma visão comum do presente, mas impulsionava realidades virtuais de passados alucinados onde ainda parecia possível a existência de um todo.

Proibiram-me de entrar na República Popular de Donetsk — havia uma escalada dos bombardeamentos durante a minha visita, e foram negados os vistos de entrada a muitos jornalistas estrangeiros, mas encontrei-me em Kramatorsk com a antiga responsável pela pasta da Informação de Donetsk, Elena Malyutina. O que restava do seu ministério-no-exílio estava instalado num banco que deixara de funcionar. Elena viajava todos os fins-de-semana até Donetsk para visitar o marido e os pais: ao contrário dela, tinham jurado fidelidade à república pró-soviética, uma família dividida pela propaganda. Elena falava devagar e com calma, como uma professora paciente dirigindo-se a uma criança, com uns grandes olhos azuis fixados nos meus e o rosto impecavelmente maquilhado a acenar, como se quisesse confirmar que eu percebia que tudo aquilo de que ela falava era bastante sério, por mais absurdo que parecesse. Muitas das suas frases começavam por "Tem de compreender que...".

— Tem de compreender que, quando passei para a RND [a República Nacional de Donetsk, outro nome para a República Popular de Donetsk], foi como se tivesse passado para o outro lado do espelho. Para uma realidade paralela. — Ligou o portátil e começou a mostrar-me fotografias de pessoas esfuziantes, embrulhadas em panos e faixas com a bandeira da Ucrânia. — Isto foi no Euro 2012 — explicou Elena. — Organizámos todas as festividades. Seguimos o modelo das paradas soviéticas, porque era uma coisa que as pessoas de Donetsk conheciam, e colámos-lhe motivos ucranianos.

Mas era difícil fazer com que os habitantes locais se sentissem ligados à Ucrânia. Kiev tinha permitido que os seus governantes administrassem Donetsk como o seu feudo privado. Em estudos de opinião, as pessoas descreviam a sua identidade como "donbasskij" ou "soviética". A sul, Donetsk tinha o mar, a norte, tinha florestas: era uma zona circunscrita. Quando alguém viajava, era até à Rússia, embora muitas pessoas nem sequer declarassem que iam a outro país: as fronteiras eram ténues, quase como a linha que dividia o passado do presente.

— Lá no fundo, havia muita gente que odiava a Ucrânia — diz Elena. — O meu marido era uma dessas pessoas.

A Maidan foi uma afronta ao orgulho viril de Donetsk. Kiev fizera frente a um presidente de Donetsk, ao passo que Donetsk, cuja população conhecia melhor do que ninguém a corrupção de Yanukovich, sempre o apoiara. Quando os separatistas e as forças especiais russas ocuparam os edifícios governamentais e anunciaram um referendo sobre a independência, o marido e os pais de Elena votaram a favor, enquanto ela e a filha, adolescente, votaram contra.

— És advogado — disse ao marido. — Tens de perceber que não se constrói nada com sangue. É preciso evoluir.

— A evolução nunca deu resultado connosco. Vamos erguer uma nova república — respondera ele.

A nova república impediu o acesso aos meios de comunicação ucranianos. Agora só havia a televisão russa e o novo canal da RPD, que utilizava a linguagem da propaganda soviética e da Segunda Guerra Mundial: "Libertaremos as nossas aldeias dos fascistas"; "Os fascistas não passarão!" Havia paradas militares, certames desportivos ao estilo soviético e grupos de pioneiros de inspiração soviética; havia *slogans* a apelar a que vivêssemos "como os nossos antepassados", que protegêssemos "as nossas raízes" e que honrássemos "os nossos avós". "Vai ser tudo como dantes", diziam as pessoas. As citações dos dirigentes da República Popular de Donetsk pareciam cartazes de Lenine do tempo dos sovietes.

Entretanto, o exército ucraniano tinha avançado e estava a bombardear Donetsk e as cidades circundantes. A RPD prometera voltar para a URSS e agora estava a ser bombardeada por armas da era soviética. Estavam a matar civis, incluindo crianças. A televisão russa e a da RPD já não precisavam de inventar histórias de horror, porque dispunham agora de imagens reais de crianças mortas.

"O *slogan* do inimigo, 'A Ucrânia acima de tudo', mostra claramente que querem destruir tudo o que seja russo", diziam os panfletos distribuídos nas ruas. "Sempre quiseram abater-nos."

"Kiev quer arrastar-nos para a UE e destruir as nossas igrejas ortodoxas. Isso significa que iremos acabar na miséria. E que aqueles que querem mandar-nos para campos de concentração irão enriquecer. Os Estados Unidos querem roubar-nos o nosso gás de xisto e destruir os nossos lugares sagrados."

Não fazia sentido, mas o objectivo parecia ser precisamente esse: enfraquecer o pensamento crítico com argumentos absurdos e uma falsa lógica, e depois conquistar as pessoas emocionalmente, com imagens de sofrimento e dor, e prometer-lhes então a glória. A propaganda russa e da RPD estava a utilizar os mesmos princípios psicológicos de muitas seitas.

— Quero regressar à minha pátria — disse a melhor amiga de Elena, relações públicas num dos principais hotéis internacionais de Donetsk.

— Qual das pátrias? — perguntou Elena.

— A URSS.

— Mas não consegues ver que nada disto é real?

A amiga olhou para ela, as lágrimas a bailarem-lhe nos olhos.

O marido de Elena tinha consciência de que os *gangsters* estavam a apoderar-se da cidade, mas continuava a achar que o futuro estava na separação da Ucrânia. Quando Elena lhe chamou a atenção para o facto de haver elementos dos serviços secretos russos por toda a parte, ele recusou-se a admitir a presença deles. A filha de Elena também estava a ceder: "É difícil ser uma patriota ucraniana, quando o nosso lado está a bombardear-nos."

O projecto da República Popular de Donetsk tornava-se mais sombrio a cada dia que passava. Os prisioneiros de guerra pró-ucranianos eram interrogados e ameaçados com facas à frente das câmaras. Obrigavam-nos a engolir os seus emblemas ucranianos. Faziam-nos desfilar pelas ruas para mostrar que era inútil tentar resistir. As gravações eram colocadas *online* pelos responsáveis, com o objectivo de intimidar qualquer forma de oposição. Na cidade de Slovyansk, cujo presidente era Igor Girkin, agente (alegadamente reformado) da FSB russa, tinha sido imposta a lei marcial da época de Estaline. Girkin era um amante de batalhas históricas e costumava dar largas às suas fantasias em comunidades *online* de estalinistas e czaristas, cheios de nostalgia por um regresso à ordem e à grandeza do império soviético: agora, estava a torná-las reais. Quando Slovyansk foi reocupada pela Ucrânia, algumas organizações de direitos humanos e também jornalistas descobriram que, devido a pequenos crimes, muitas pessoas foram abatidas por pelotões de fuzilamento e enterradas em valas comuns.

Elena decidiu que tinha de sair dali com a filha. Foram para Kramatorsk, onde a maioria das pessoas do seu ministério já tinha fugido. Gostava de saber até que ponto ela achava que havia realmente um culto da nostalgia na sua terra natal.

— Em parte, é uma farsa, na qual muitas pessoas participam. Talvez setenta por cento dos meus antigos colegas tenham fugido, mas trinta por cento tiveram de ficar, simplesmente porque não conseguiam arranjar trabalho noutro sítio.

Apesar de toda a paixão retórica de pessoas como Andrey Shtahl, na maior parte das vezes, quando as estátuas de Lenine são derrubadas no Leste da Ucrânia, quase não há protestos. Poucas pessoas se importam verdadeiramente. A nostalgia acaba por ser apenas mais um holograma.

— Se não houvesse televisão durante algumas semanas, a RPD desaparecia — disse Elena. Está a montar um canal de televisão regional em Kramatorsk, que evitará os temas preferidos de história e ideologia do Kremlin, e centrar-se-á no quotidiano das pessoas: estradas e preços de alimentos. Quer fazer com que Donetsk volte à realidade.

3

Encontrava-me em Kharkiv, a atravessar a segunda maior praça da Europa na segunda maior cidade da Ucrânia, para visitar um campo de refugiados destinados a quem fugia dos bombardeamentos nas linhas da frente da Donbas. Havia uma luminosidade dourada, que conferia um brilho hollywoodesco aos edifícios governamentais de estilo soviético neoclássico da praça, relíquias dos 18 anos em que Kharkiv fora a capital da Ucrânia, entre 1917 e 1935. A recordação desse estatuto perdido está presente na cidade, com programas de televisão e *websites* dedicados a evocar a "segunda capital". Foi deste desejo que o antigo partido de Yanukovich e o Kremlin quiseram aproveitar-se quando, imediatamente a seguir à Maidan, tentaram fazer de Kharkiv a capital de uma Ucrânia separatista pró-russa e, mais tarde, uma nova cidade-estado separatista. Houve manifestações a favor e contra a Maidan na Praça da Liberdade: trinta por cento dos habitantes de Kharkiv definem-se como russos e quase setenta por cento, como ucranianos. Enquanto o exército russo cerrava fileiras na fronteira, a poucos quilómetros de Kharkiv, o grupo anti-Maidan engrossava com "turistas" russos trazidos de autocarro (viam-se as matrículas russas). Os manifestantes anti-Maidan arrastavam os apoiantes da revolução pela praça, a agarrá-los pelos cabelos, a pontapeá-los, a provocá-los e a cuspir-lhes. Um dos "turistas" trepou ao pináculo do edifício da Câmara Municipal e hasteou uma bandeira da Rússia.

Ao contrário do que fez em Severodonetsk, Kiev recorreu à força em Kharkiv, enviando tropas especiais para prenderem os activistas pró-russos. Colaram cartazes a ameaçar as pessoas com uma visita dos serviços secretos em caso de "Separatismo Comum" (ninguém tinha a certeza do que isso significava). Foram distribuídos panfletos a prever problemas para quem defendesse a união com a Rússia (ninguém sabia ao certo quem estava por detrás desses panfletos). Ao mesmo tempo, iam explodindo bombas nos bares onde os pró-ucranianos costumavam reunir-se. Três pessoas foram mortas por uma bomba montada num contentor do lixo durante uma marcha pró-ucraniana.

Na manhã em que eu cheguei, os membros do Pravy Sektor local estavam a apedrejar a sede do antigo partido de Yanukovich, cujos dirigentes estavam a tentar um regresso à política. Ouviram-se tiros. Mas percebi rapidamente que a violência estava a ser orquestrada. O lado ucraniano viera equipado com câmaras, para mostrar aos seus apoiantes *online* que tinham força, mas filmaram os acontecimentos de forma a parecer que não tinham sido eles a disparar primeiro.

O lado pró-russo, por seu turno, tentou provocar um ataque. Tinham trazido agitadores dos arredores, de autocarro, para provocar os pró-ucranianos. Tudo isto foi cortado das notícias transmitidas no telejornal da noite do principal canal de televisão, dando a ideia de que os russos estavam a ser vítimas da agressão gratuita dos pró-ucranianos. O canal pertencia ao presidente da Câmara, um antigo *gangster* que se transformara em multimilionário e que era conhecido por Gepa — um membro do partido de Yanukovich. No início da Maidan, tinha começado por apoiar os russos, depois fugira para Moscovo (alegando mais tarde que tinha estado na Suíça) e, a seguir, regressara como patriota ucraniano, agradando a todas as facções. Depois do noticiário, passou um anúncio a uma organização pública que mostrava imagens beatíficas de Kharkiv. De repente, o ecrã ficou preto: "A nossa cidade pacífica está sob a ameaça do terrorismo", ouvia-se em voz *off*. Aparecia uma cabeça tapada com uma balaclava a representar o "terrorismo": podia ser um combatente do Pravy Sektor, um separatista ou até uma das Pussy Riot. Não se percebia bem qual era a ameaça; só se sabia que existia. A seguir passou um segmento noticioso sobre um grupo de satânicos que tinha destruído um parque infantil.

Descobri o campo de refugiados à saída da cidade. Por entre retretes portáteis alemãs imaculadas junto a belos canteiros de flores, e cercado pelo cheiro a cebola frita, conversei com uma família que se preparava para jantar. Perguntei-lhes qual o canal de televisão que viam. Disseram-me que já não acreditavam em ninguém, porque ambos os lados mentiam: os russos davam notícias falsas sobre a destruição das suas cidades pelos ucranianos; os ucranianos proclamavam grandes vitórias militares, quando na verdade os separatistas tinham apenas recuado. Mas o que sobressaía do seu absoluto cepticismo era a sensação de que, se não podiam confiar em nada do que viam à sua volta, as suas vidas estavam a ser comandadas por poderes que actuavam na sombra: eram as mãos de Obama ou dos maçons que estavam por detrás de todos os bombardeamentos.

— Já está tudo decidido — disseram-me. — Lá em cima.

Dzerzhinsk é uma cidade mineira na extremidade do território controlado pelas forças ucranianas: os separatistas encontram-se a poucos quilómetros de distância. Quando cheguei, aproximava-se uma tempestade de Verão, com o estrondo dos trovões a misturar-se com o som da artilharia pesada. Uns dias antes, caíra uma bomba no lago da cidade. Os peixes foram projectados para as lajes partidas dos passeios ou boiavam, mortos, à superfície. Os habitantes de Dzerzhinsk comeram esses peixes, mas ainda havia alguns a secar em terra e muitos mais a flutuarem no lago, de barriga para cima. O cheiro era insuportável.

Eu ia com uma pequena equipa da estação de televisão *online* de Kiev, um dos poucos meios de comunicação ucranianos que ainda não estavam na posse de um oligarca. Ao atravessarmos a cidade, passámos por ruas com crateras do tamanho de caixões; fábricas vazias com as paredes derrubadas; um rapaz que ajudava a mãe embriagada a percorrer as ruas; homens com crostas na cara. Parei para fotografar um armazém de carvão, em cimento armado, com um buraco enorme nas paredes. Presumi que tivesse sido bombardeado mas, afinal, fora destruído muito antes da guerra por habitantes locais à procura de sucata.

Dzerzhinsk devia o seu nome a Felix Dzerzhinsky, responsável pela primeira polícia secreta soviética, a famosa Cheka. Quando perguntei a uma adolescente local se sabia quem ele era, respondeu que tinha "ouvido falar dele na escola, mas já não se lembrava". Não era caso raro: alguns dias antes, um canal de televisão emitiu uma reportagem cómica sobre o desconhecimento dos jovens de Dzerzhinsk acerca da origem do nome da cidade. Mais tarde, nesse mesmo ano, o nome mudou para Toretsk, em conformidade com a lei que proibia os nomes soviéticos. Não houve grandes protestos.

Os poços das minas pareciam ainda mais escuros sob o céu tempestuoso. Algumas minas estavam desactivadas. Outras estavam enferrujadas, mas ainda funcionavam. Os burocratas locais vendiam o carvão a centrais eléctricas subvencionadas e controladas por outros burocratas seus amigos. O dinheiro vem dos subsídios, não das vendas. Os habitantes de Dzerzhinsk são apenas figurantes na enorme fraude montada por outros.

O presidente da Câmara de Dzerzhinsk resistiu a todas as revoluções. Em Abril de 2014, recebeu os separatistas de braços abertos. Os dois jornais por ele controlados apoiaram a República Popular de Donetsk. Quando o exército ucraniano recuperou a cidade alguns meses mais tarde, o edifício da Câmara foi bombardeado. O presidente não tardou em negociar com eles. Os vídeos que corriam nas redes sociais com o presidente da Câmara a exprimir o seu apoio à República Popular de Donetsk foram apagados, bem como os arquivos *online* dos jornais. Mas, apesar de agora a cidade estar oficialmente em território ucraniano, só conseguia ver televisão ucraniana quem tivesse acesso aos canais por cabo. A televisão russa e da RPD continua a estar disponível em toda a parte — Dzerzhinsk pode estar em território ucraniano, mas a informação continua sob o domínio do Kremlin.

Os activistas pró-ucranianos mostravam-se nervosos. Entre eles, estava Oleg, um homem mais velho, de bigode grisalho e boné. Tinha sido um dos mineiros a contribuir para a desintegração da União Soviética, com a grande greve de 1989, bloqueando as estradas com vidros partidos para impedir a passagem dos tanques do Kremlin. Volodya era mais novo, tinha braços grandes e uma franja à *boys band*. Também era mineiro, mas trabalhara vários anos na Suécia. Sabia que as coisas não tinham de ser assim. Na semana anterior, Oleg, Volodya e mais uns dez ou doze activistas pró-ucranianos tinham sido mobilizados para o exército. Quando Volodya se apresentou para o exame médico, os enfermeiros deixaram escapar que havia uma lista com todos os activistas.

Volodya e Oleg tinham a certeza de que o presidente da Câmara queria correr com os activistas da cidade e acabar com as suas irritantes manifestações anticorrupção. Receavam que ele tivesse subornado Kiev para continuar no poder. E que Kiev estivesse disposta a abandoná-los.

— Se não falarem de nós na televisão, não vai ser difícil a cidade cair — disse Volodya. — Estamos a ser apagados do mapa. — Na parte da frente da sua carrinha havia uma pilha de panfletos:

7 A 12 ANOS DE CADEIA POR SEPARATISMO COMUM: LIGUE PARA ESTE NÚMERO SE VIR UM SEPARATISTA COMUM!
COMO RECONHECER UM SEPARATISTA COMUM?
— APELA À INVASÃO PELA RÚSSIA
— INSULTA OS VALORES UCRANIANOS
— ESPALHA MENTIRAS
— INCUTE SENTIMENTOS DERROTISTAS

Perguntei a Volodya onde tinha arranjado os panfletos. Disse-me, muito orgulhoso, que os fizera ele próprio. Perguntei-lhe se achava que era boa ideia.

— Os números de telefone que lá aparecem nem sequer são verdadeiros — respondeu. — São só para intimidar as pessoas. Estamos aqui sozinhos. Temos de fazer qualquer coisa.

Chegámos a um bloco de apartamentos soviético, que se erguia acima de uma zona de barracas, muitas delas já destruídas pelos bombardeamentos. A base do exército ucraniano ficava a quinhentos metros dali, e aquela zona era frequentemente atingida. Oleg mostrou-nos os buracos feitos pelos estilhaços na porta metálica do bloco de apartamentos. Umas mulheres sentadas num banco na rua, junto à porta, estavam furiosas pelo facto de os ucranianos terem instalado a sua base tão perto dali. Nunca houve tiros quando a cidade pertencia à RPD. O exército ucraniano tinha trazido a guerra consigo. Uma mulher contou-me que explodira uma bomba na varanda dela.

Oleg não gostou.

— O nosso presidente da Câmara é separatista. É por isso que o exército está aqui. O lugar dele é na prisão.

— Trabalhei a vida toda para ganhar uma miséria, e qual é a recompensa que tenho? — exclamou uma mulher que ia a passar, com um vestido estampado de girassóis. — Bombas!

— Vieram dali, das posições ucranianas! Não é a RPD — gritou uma das mulheres. Mais tarde, mostrou-me uma cratera no chão. Tinha caído uma árvore lá dentro. — Olhe bem, está à vista que isto veio do lado dos ucranianos.

Para mim, não era nada óbvio. Parecia-me pouco provável que os ucranianos conseguissem bombardear-se a si próprios de uma distância de quinhentos metros. Mas o objectivo não era recolher provas. Alguns jornalistas que tinham viajado pela região ficaram de sobreaviso em relação àquele fenómeno: as pessoas faziam uma espécie de redistribuição das provas, para que coincidissem com a visão difundida pela televisão, ainda que nada daquilo fizesse sentido.

— Os ucranianos estão a bombardear-se uns aos outros! — disse alguém. — O Pravy Sektor quer marchar sobre Kiev e estão a combater uns com os outros.

— São os americanos. Querem roubar o nosso gás. Ouvi dizer que há soldados americanos feridos nos hospitais da cidade.

Oleg estava a ficar cada vez mais raivoso, e acusava as mulheres de serem umas traidoras. Elas começaram a correr com ele. Oleg despiu a camisa e mostrou-lhes um buraco de bala: disse que fora atingido pelos russos quando transportava comida para as linhas da frente. Disse que Putin estava na Ucrânia porque tinha medo de que a Rússia se desmoronasse. As mulheres responderam que Putin não tinha medo de nada.

Oleg foi buscar os panfletos ao carro e começou a distribuí-los.

— Ora… achas que temos medo disto? — As mulheres desataram a rir e deitaram os papéis para o caixote do lixo.

Depois, voltaram-se para os operadores de câmara e para mim e começaram a gritar connosco.

— Tanto faz. Vocês vão cortar o que nós dizemos. Porque havemos de confiar em vocês? Ninguém ouve a Donbas!

Outra vez aquela frase, aqui repetida como um mantra: *Ninguém ouve a Donbas*. Fazia-me lembrar uma oração, um lamento religioso por um Deus perdido, o tema recorrente dos Salmos dirigidos a um Deus desaparecido; as orações do Yom Kippur que pedem a Deus que ouça as pessoas. "Ó Deus que respondestes a Abraão, Jacob e Isaías, Ó Deus que nos respondestes no Sinai, Ouvi, Ouvi, Ouvi a Donbas!"

Acordei na sala de bilhar. Ainda era de noite, e choquei com alguns soldados afundados nos sofás, ainda fardados. Um deles estava a dormir com a cabeça no chão a segurar o seu tronco gordo; estava tão exausto, que nem reparava que estava a dormir meio a fazer o pino. Lá fora, o jardim de rosas e o *court* de ténis surgiam sob a luz do amanhecer. As rosas estavam murchas e faltava a rede no *court*. Ouvi uns chapes ritmados na água: era um soldado a nadar bruços na piscina exterior. A luz do dia estava a aparecer depressa, revelando casas de Verão e garagens; vedações de alta segurança; as montanhas ao longe e os pinhais verde-escuros, quase pretos, da Luhanschina. Estávamos a nordeste de Dzerzhinsk, na extremidade onde o território pertencente à Ucrânia fazia fronteira com a República Popular de Luhansk.

Eu tinha ido com uma amiga que geria um canal de televisão *online* em Kharkiv: os soldados, que eram da 92.ª Brigada ucraniana de Kharkiv, queriam que ela mostrasse ao país as suas frustrações. Estavam sediados numa propriedade no campo pertencente a um pequeno oligarca local, que tinha sido deposto e fora presidente do Tribunal da Relação de Luhansk. Agora estava em Kiev, sem levantar ondas e a ver qual dos lados iria vencer. Havia um retrato hiper-realista da sua mulher na sala de bilhar: uma loura rechonchuda, com um sorriso de orelha a orelha, a descansar no campo, no Verão, com uma grinalda de papoilas na cabeça.

Numa cabana junto à piscina, um oficial preparava o pequeno-almoço: couve migada com almôndegas de carne enlatada. Estava furioso com o governo.

— Olhe para esta comida: não é o governo que dá nada, é tudo dado por voluntários.

O exército ucraniano era alimentado e equipado por voluntários, muitos deles ainda do tempo da Maidan. Angariavam dinheiro através do Facebook e era graças ao *crowdsourcing* que havia botas, binóculos e fardas, incluindo equipamento do exército americano enviado por ucranianos na diáspora — o que levara alguns observadores a concluir que havia soldados americanos a combater na Donbas.

— Se vir televisão, vai pensar que o governo está muito preocupado connosco — queixava-se o oficial. — Mas o Putin trata muito melhor as tropas dele.

A televisão ucraniana estava inundada de propaganda de guerra. O presidente, Petro Poroshenko, um fabricante de chocolate multimilionário, dono de um dos canais de notícias com emissão ininterrupta, tinha sido filmado de camuflado a inspeccionar tropas bem equipadas. Havia segmentos de vídeo em câmara lenta com imagens de esposas orgulhosas a despedirem-se de soldados que partiam para a guerra ou à espera que eles chegassem de comboio, a chorarem de alegria. Era o tipo de propaganda militar que tinha sido utilizada para levantar o moral nacional e incitar à mobilização durante todo o século XX: encapotando as deficiências logísticas, mentindo sobre o número de vítimas e ignorando as mortes de civis.

Mas havia qualquer coisa de estranho naquela propaganda: apesar de todas as imagens de guerra, nunca se definia como uma guerra propriamente dita. Na televisão, o presidente falava de uma "Operação Antiterrorista", uma OA.

— Mas que raio é uma OA? — praguejava o oficial, enquanto migava mais couves.

Uma das distorções inteligentes da doutrina de guerra do Kremlin nos conflitos do século XXI, a chamada guerra "híbrida" ou "não-linear", é que ela permite estar em guerra sem que isso alguma vez seja declarado abertamente e, ao mesmo tempo, desestabiliza os opositores internos através da propaganda e da infiltração, promovendo a guerra civil e minando a narrativa do combate a um inimigo declarado.

A Rússia não estava oficialmente em guerra com a Ucrânia, e os laços diplomáticos e económicos entre os dois países não tinham sido cortados. Os empresários continuavam a fazer os seus negócios, como se nada estivesse a acontecer. A Ucrânia mostrava alguma relutância em tomar a iniciativa de declarar guerra, tornando-se assim o agressor *de jure* e impondo sanções económicas que quase ninguém desejava, o que provocava um efeito em cadeia na propaganda de guerra. Por um lado, o conflito no Leste não era oficialmente definido como uma guerra contra a Rússia. Mas também não podia ser designado como uma guerra contra o Leste da Ucrânia, pois isso serviria os interesses do Kremlin, que alegava tratar-se de uma guerra civil.

Os activistas da propaganda tentavam definir a guerra à sua maneira através da Internet: era uma guerra contra a "mentalidade soviética", contra os *vatniki* —nome pejorativo para os opositores à Maidan. Mas muitos ucranianos partilhavam da mentalidade soviética, incluindo os soldados. A 92.ª Brigada era composta maioritariamente por tropas profissionais que tinham sido contra a Maidan: estavam, isso sim, do lado das forças de intervenção que haviam sido enviadas para dominar a revolta. Os activistas *online* tentavam fazer a sua própria propaganda ao sabor dos acontecimentos, correndo assim o risco de entrar no jogo do Kremlin: dividir para reinar.

Mais tarde, os soldados levaram-nos até à linha da frente. Todos os veículos eram de marca diferente. Eu fui no banco de trás de um pequeno jipe Nissan, com instruções para ir olhando pela janela à procura de atiradores furtivos separatistas. Um tiroteio estilhaçara o vidro da janela, agora remendado com fita-cola. Não se via rigorosamente nada através dele.

Parámos à beira de uma falésia, em frente às posições dos separatistas do outro lado do rio. Quase se conseguia vê-los a olho nu.

— Se eles começarem a disparar, fujam para longe dos carros — disse o comandante, conhecido por ComBrig. — É para onde eles vão apontar.

O ComBrig ordenou que a artilharia pesada fosse espalhada ao longo da falésia, numa demonstração de força. Depois, calculou o tempo que os separatistas iriam demorar a colocar as suas tropas em posição: um estratagema para levar o lado oposto a revelar onde escondera os seus homens, na extremidade da falésia. Dizia-se que tinham chegado recentemente unidades russas.

Dali fomos até à aldeia de Lobachevo, um conjunto de casas de madeira térreas e tortas. Estava uma vaca na rua a olhar para um telheiro. Três homens, já idosos, de camisolas de rede e chinelos enfiados nos pés sujos, estavam sentados nuns troncos a beber e a fumar. Um deles, conhecido por Tio Kolya, não tinha dentes. Dizia que um separatista lhos partira com um murro, quando ele se recusara a cantar o hino da República Nacional de Luhansk. Os soldados desconfiaram de que ele inventara a história e, mal eles virassem as costas, o velho começaria a dizer mal da Ucrânia.

— Demorámos muito tempo a conquistar a confiança deles — disse o ComBrig. — A princípio, pensavam que éramos todos monstros do Pravy Sektor, por causa da máquina de propaganda russa.

Do outro lado do rio, viam-se separatistas de arma a tiracolo, andando de um lado para o outro junto a uma velha estação de caminhos-de-ferro. A linha fora destruída durante os combates. As famílias que viviam em lados diferentes do rio tinham sido separadas. A escola ficava de um lado e as lojas do outro. As mulheres atravessavam o rio num pequeno barco a remos com um motor minúsculo. Queixavam-se de que, se trouxessem mais de um saco de batatas, podiam ser acusadas de contrabando. Não lhes interessava a Ucrânia, nem a Rússia, nem a República Nacional de Luhansk. Só queriam saber da sua aldeia e das suas batatas.

Continuando o nosso percurso, depois de Lobachevo passámos por igrejas abandonadas e pontes destruídas, caídas sobre a água verde do rio, e por mulheres com cabras. Não havia nada de onde se pudesse tirar qualquer proveito naquela terra. Kiev nada fizera para desenvolver o país durante os vinte anos de independência, mas o Kremlin também tinha feito pouco ou nada. Se analisássemos a situação de perto, ambos os lados estavam preparados para perder a Luhanschina: o Kremlin queria devolvê-la à Ucrânia, mantendo um controlo político encapotado; Kiev apregoava a "unidade", mas muitas pessoas, desde militares de alta patente a académicos, defendiam que a melhor solução era um "território neutro" que o Kremlin teria de financiar e alimentar.

O objectivo da guerra costumava ser conquistar território e hastear bandeiras, mas ali estava em jogo qualquer coisa de diferente. Moscovo precisava de forjar uma narrativa acerca de como as revoluções pró-democracia como a Maidan conduziam ao caos e à guerra civil. Kiev precisava de mostrar que o separatismo levava à miséria. O que estava efectivamente a acontecer no terreno era quase irrelevante — os dois governos só precisavam de imagens suficientes para respaldarem as respectivas histórias. A guerra foi sempre acompanhada pela propaganda, geralmente ao serviço dos combates no terreno. Mas a era da informação inverteu esta equação: hoje em dia, são as operações militares que estão ao serviço do impacto mais importante da informação. Se não fossem as mortes, essas bem reais, seria um *reality show* com um longuíssimo guião: poucos meses depois da minha visita, a três de Novembro de 2015, a 92.ª Brigada de Kharkiv envolveu-se num combate junto a Lobachevo. O ComBrig foi ferido, mas sobreviveu.

Os nossos veículos pararam junto a uma curva do rio. Os soldados despiram os uniformes doados, agarraram-se a uma corda à Tarzan pendurada numa árvore, e foram saltando para a água, aos gritos. Alguns tentaram dar saltos de costas e outros caíram de chapão: era um ritual diário que os ajudava a descontrair depois da patrulha.

O ComBrig estava na água, quando o seu telemóvel começou a tocar. Era uma emergência: tinham recomeçado os bombardeamentos numa terra de ninguém. No dia anterior, a 92.ª acordara um cessar-fogo com os separatistas, para que os electricistas pudessem vir à zona de combate reparar uns cabos. E agora os separatistas estavam a bombardear a zona. Se a 92.ª ripostasse, iria parecer que estavam a disparar sobre civis.

— Façam tudo menos responder — ordenou o ComBrig, enfiando rapidamente as calças do camuflado por cima dos *boxers* molhados. — É uma provocação para as câmaras.

À noite, ao luar, bebemos conhaque de uma garrafa de plástico, a olhar para as estrelas do tamanho de uvas, a ouvir o som das explosões e a seguir o trilho dos mísseis no céu. Estávamos à procura de sinais do nosso destino militar, da mesma forma que na Idade Média os homens observavam os cometas à procura de um significado. Algumas estrelas andavam à volta: eram drones a espiar-nos. Tive a sensação de estar dentro de um ícone moderno: a guerra da informação tinha destruído quase por completo o meu sentido de escala. Os activistas, com os seus portáteis, pareciam do tamanho de ministérios; os inimigos mitológicos do Twitter pareciam tão reais como os tanques. As fronteiras entre a Rússia e a Ucrânia, entre o passado e o presente, entre soldados e civis, entre boatos e provas, entre actores e público, tinham desaparecido, e repentinamente todo o sentido de perspectiva racional e ordenada dera lugar a um pensamento mágico e místico, onde era impossível conhecer a realidade, que era decidida algures lá no alto por conspirações divinas. As camadas de esferas e anjos tinham sido substituídas por histórias interminavelmente repetidas nos meios de comunicação, onde a informação já não se limitava simplesmente a dar conta dos acontecimentos, mas também do seu objectivo. Estávamos todos presos entre os registos que giravam e se refractavam nos céus da informação.

Um drone parou por cima de nós.

— Sorria — disse o ComBrig. — Está a tirar-lhe uma fotografia. ■

Originalmente publicado na *Granta* 134, Fevereiro de 2016.

OS LIMITES DO HUMOR

Valério Romão

Quando no limiar do sono senti um incómodo nas costas, tão familiar como inesperado, sussurrei ao Horácio

é terça-feira, querido, amanhã ainda acordo mais cedo do que o costume

e ele, cheio de subtilezas, fez de conta estar também a cair no sono mas manteve aquela ginga de anca com a qual esperava acordar-me,

Horácio, plamordedeus, estou tão mas tão cansada

e embora eu o tentasse sacudir com a diplomacia de corpo que estas coisas requerem, não lhe sentia minorar o desejo e andámos ali uns dez minutos naquelas conversas surdas de lençóis até que eu, exausta e impaciente,

pára e deixa-me dormir, que hoje não estou para isto, percebes

e ele interrompe o roça-roça para retomá-lo passados apenas uns segundos, desta feita com as mãozinhas à mistura feito polvo em exploração de braille, os dedos dele fazendo o roteiro turístico que ambos conhecemos, das coxas ao cume das ancas, do topo da púbis ao umbigo, desembocando inevitavelmente no mamilo mais jeitoso de agarrar naquele contexto geográfico, e eu, grogue de sono mas incapaz de dormir com tanta coisa a acontecer naquela cama

tu és tão traquinas como irresponsável

meio a sério, meio a brincar, porque estas coisas quando não decorrem do álcool jogam-se normalmente na penumbra do sentido,

amanhã vou arrepender-me tanto

e ele, cada vez mais afoito, aproveita os ventos favoráveis para fazer caminho até ao clitóris, e lá se demora numa ginástica de dedos muito promissora

agora é melhor não parares mesmo, sob pena de me veres duplamente chateada

ondulamos ambos sobre o colchão, entregues àquela maré inesperada, eu percorro-lhe o torso com a mão rumo ao farol, esgueiro os dedos por debaixo dos boxers e agarro-lhe o pénis, a respiração dele muda de frequência e profundidade, as nossas mãos adquirem os automatismos decorrentes de nos conhecerem os corpos melhor que nós próprios, eu entrecorto os gemidos com notas de encorajamento

sim, aí mesmo, assim, continua

e ele lambuza-me o pescoço, mordisca-o, tira a mão do clitóris e mete-me dois dedos na boca, e eu sussurro-lhe

hoje quero ficar por cima

e ele ri-se e eu viro-me para ele, beijo-o na boca, mordo-lhe os lábios, cravo-lhe os dedos nas costas, e ele ri-se,

Horácio, sorrio, tem juízo,

e ele ri-se, e já não me beija, não me toca, o pénis dele mingua como um balão em fim de festa, tacteio a mesa de cabeceira em busca do interruptor do candeeiro, e encontro-o, não sem antes bater com os nós dos dedos numa quina do móvel,

raios, deixo sair, mas o que se passa

e quando finalmente acendo a luz, ele está sentado em cima da cama e ri-se.

Foi a primeira vez que aconteceu. Nunca me vou esquecer da cara dele, misto de surpresa e de horror, os olhos desfazendo-se em lágrimas e eu com as mãos em concha sobre a cara,

Horácio, estás a assustar-me, que se passa,

e ele abrindo a boca como que para falar e da boca sai unicamente um riso sem contexto que me perturba, que me assusta, um riso que desagua com o choro sem nele se misturar, um riso incompreensível que perdura a despeito de ele se esbofetear a si próprio repetidamente, como se toda a paleta de expressões possíveis tivesse sido substituída pelo monocórdio de uma gargalhada e tivesse de ser reposta a murro, tal qual os electrodomésticos antigos com vontade própria.
Cheguei a beliscar-me na esperança de estar a sonhar mas, por mais que deixasse marcas de unhas nas coxas, o pesadelo em que eu pensava encontrar-me não findava, e ele, desesperado como nunca o vira, apontava para a boca, aberta de par em par como se fosse a de um manequim de montra para adeptos de sado-maso, e com as mãos batia na cara e no colchão, e tudo aquilo pode ter durado apenas uns modestos dez minutos, que para mim foram horas incontáveis de um sofrimento para o qual não tinha qualquer preparação ou competência, e que só se dissipou quando o riso deu lugar a meia dúzia de palavras que saudámos como um milagre.
Na manhã seguinte fizemos de conta que nada acontecera. Cruzámo-nos na casa de banho, na comida, nas rotinas dos lanches para os miúdos e, mesmo que timidamente, sorrimos. Incorporando o episódio da noite anterior como o lastro de um pesadelo ou qualquer outro automatismo exótico do espírito, optámos por não fazer as perguntas para as quais já sabíamos não ter respostas. Ambos fomos trabalhar, e das poucas mensagens que trocámos durante o dia nenhuma foi sobre o que acontecera e com o qual fingíamos não nos preocupar. O tempo e o esquecimento que dele decorre reinstituíram gradualmente a normalidade. Ainda assim, e porque a memória tem muitos níveis de consciência, não fizemos amor na semana e meia seguinte ao incidente. Até que aconteceu de novo.

Chego a casa mais cedo e ele está sentado no sofá, olhos postos no chão,

não esperava ver-te a estas horas, saíste mais cedo

mas a pergunta parece cair em terra de ninguém, ele continua curvado sobre si próprio sem me responder, as mãos apoiando a cabeça, que parece ter adquirido um peso insuportável, os cotovelos sobre os joelhos, eu aproximo-me lentamente, com medo de o assustar, pode estar apenas concentrado, pouso a mão sobre o seu ombro e ele ergue a cabeça em câmara lenta, tem os olhos vermelhos e brilhantes e as lágrimas não cessam de lhe correr pela cara, e eu tiro instintivamente a mão do ombro dele, dou dois passos para trás e afundo-me no sofá como se a gravidade tivesse subitamente duplicado a sua força.

Horácio, à medida que a voz me regressa, Horácio, fala comigo, é aquilo outra vez,
mas ele não fala, não responde, ora encarquilha sobre si próprio, afundando-se sob o peso do choro, ora olha para mim, impotente, e ri, e eu, tão perdida como ele, aproximo-me novamente e limpo-lhe as lágrimas com os dedos, afago-lhe o cabelo, abraço-o,

fala comigo, imploro-lhe, diz qualquer coisa que seja, explica-me
mas ele parece uma criança, reduzido à monocromia do riso, e vê-lo a desabar assim faz-me rapidamente passar da empatia à raiva, as mãos contraem-se sozinhas, os braços rodopiam furiosamente em busca de um botão no corpo dele, de um botão de *off*, de *reset*, de qualquer coisa que interrompa aquele delírio,

mas tu estás doido, tu ficaste doido, tu queres destruir-me
os braços agitando-se como gruas bêbedas na tentativa de devolver àquele electrodoméstico antigo um assomo de normalidade.
Exausta, deixo-me cair no chão, e choro. Choro com ele, por ele. Peço-lhe

tenta explicar-me o que estás a sentir, por gestos
mas nunca fomos grande coisa nestes jogos nos quais se representam pela mímica um filme ou um livro, e rapidamente damos conta de que nenhuma das minhas interpretações tem sentido, e embora ele persista em gatafunhar um arabesco de dedos no ar, eu não me apetece aquilo, não vejo resultados

não me apetece, deixa, isto não funciona
e ele levanta-se num impulso de mola, corre para a cozinha de onde

traz um bloco de notas e uma caneta e, abrindo ao calhas, escreve

COMO É QUE NÃO ME LEMBREI DISTO

e ri-se, e desta vez o riso parece natural e limpo, e eu rio-me também, e ele volta a escrever

ACONTECEU OUTRA VEZ. NO TRABALHO. HOJE. FUI DESPEDIDO. DESCULPA

e eu abraço-o, o meu coração rente ao dele, as nossas mãos percorrendo os nossos corpos como se procurassem as feridas resultantes daquela explosão,

está tudo bem, meu amor,

estamos ilesos, aparentemente ilesos, arranjamos uma forma, arranjamos sempre uma forma

a gente arranja uma forma.

Percebemos rapidamente que o bloco de notas e a caneta eram apenas um paliativo, que não podíamos continuar à espera de que aquilo se resolvesse por si próprio, e nos primeiros tempos eu chegava a casa e ele tinha feito o jantar e tinha tratado dos miúdos, a quem disséramos que o pai estava afónico, e que isso acontecia a muitas pessoas, inclusivamente àqueles cantores no canal Disney que por vezes tinham de interromper as digressões, mas o sol pardo que havíamos recuperado tardou pouco a extinguir-se, e agora regressava a casa para o ver deitado no sofá rodeado de latas de cerveja, gatafunhando pilas farfalhudas no bloco de notas e mandando-nos calar com o dedo em riste sobre a boca, e eu tive de perder a vergonha, marquei uma consulta para um médico amigo que nos recebeu bem-disposto mas desconfiado

a Regina manda cumprimentos

e a gente ajeitando-se sobre as cadeiras surradas do uso,

obrigada, Pedro, entrega-lhe por favor os nossos

e ele anuindo com a cabeça,

então expliquem-me lá melhor o que se passa, que ao telefone percebi pouco e o pouco que percebi pareceu-me ter compreendido mal

é o Horácio, Pedro, nem sei como descrever isto
e ele, interrompendo-me

e o Horácio não pode falar por ele próprio, parece-me lúcido e consciente
e, virando-se para ele,

Horácio, então, que se passa, companheiro
e obviamente da boca do Horácio sai unicamente uma longa e estrondosa gargalhada, o Pedro fica a olhar para ele, esperando que a comunicação comece onde o riso atraca, mas o Horácio da comunicação ficou somente com aquele engasgo sincopado, como o Pedro finalmente percebe à medida que todas as perguntas são respondidas daquela forma, e aos poucos vai perdendo a firmeza da convicção e do corpo, deixando cair os braços sobre a mesa, e cada vez olha menos para nós e mais para dentro,

não sou neurologista nem psiquiatra, mas creio não existir nenhuma condição cuja sintomatologia encaixe na que o Horácio apresenta,
e cala-se, ficamos os três calados até o Horácio pegar no bloco de notas e o rabiscar furiosamente, devolvendo uma folha ao Pedro,

PEDRO AJUDA-ME POR FAVOR
o médico lê, vira e revira o papel como se a língua fosse desconhecida ou o sentido críptico, abre uma gaveta de onde retira um molho de cartões, encontra aquele que procura e passa-mo,

este homem é um dos melhores neurologistas portugueses, espero que vos possa ajudar, digam que vão da minha parte, fomos colegas de curso
e saímos dali com as perguntas com que entrámos menos a esperança de que na nossa ignorância alguém pudesse ter dito

oh meus amigos, isto é perfeitamente normal, é uma enzima cujos valores estão desfasados face às endorfinas que estimula, e faz capotar a estrutura do corpo caloso, estão a ver
ou qualquer coisa igualmente incompreensível mas apaziguadora, só que ao invés disso saímos dali derrotados, tristes como nuvens de Inverno, e sem querer o Horácio tropeça em alguém e ri-se, ten-

tando pedir desculpas, ri-se, e o homem, ainda a queixar-se do tornozelo, olha para nós como se fôssemos malucos.

Primeiro foi o neurologista, balofo de confiança,

isto pode ser um pequeno tumor na base de um não sei quê que produz um não sei quantos

para logo, com dezenas de resultados defronte dele, desfeito de certezas

é psiquiátrico, só pode ser psiquiátrico, vou passar-vos o nome de um psiquiatra muito competente.

Depois o psiquiatra, desgrenhado como nos filmes, os dentes amarelos de tanto fumar,

estamos nisto há umas semanas, se calhar experimentamos algo menos ortodoxo e mais radical, o que dizem

e a gente que sim, não temos nada a perder, e o Horácio passou a ter sessões onde o psiquiatra exibia documentários de guerra e filmes tristíssimos,

não feche os olhos, atirava de vez em quando, não desvie o olhar

e o Horácio bem se esforçava por contrariar o nojo, ele que sempre evitara os filmes de terror por lhe contraírem o músculo da agonia, mas ao fim de dez minutos já tinha vomitado o tapete do consultório

eh pá, você tenha cuidado, homem, trouxe isso da Turquia e isto não é um táxi nocturno,

e ao fim da terceira sessão de tortura o Horácio escrevia-me repetidamente no caderno, a caminho de casa

MAIS NÃO MAIS NÃO POR FAVOR MAIS NÃO

e atirava-me os papéis para cima do colo, onde se amontoavam numa pilha confusa

MAIS NÃO

e nesse dia acabaram-se as consultas de psiquiatria.

O Horácio nunca mais falou, nunca mais riu e, mesmo assim, a situação foi piorando. Um dia, entregou-me um papel onde se lia

AH AH AH AH
e eu, furiosa,
mas estás a gozar comigo, caralho, olha que não estou para brincadeiras
para logo perceber que o riso alastrava como uma maré de crude, contaminando toda e qualquer tentativa de comunicação, e o Horácio, pensando ter caído no mais fundo dos poços, descobrira um subsolo.
O desespero levou-nos a igrejas, a homeopatas, a oculistas de toda a espécie, tentando em vão exorcizar todos os demónios conhecidos, a praticantes do budismo e da meditação, a retiros de silêncio nos quais o Horácio era, previsivelmente, melhor do que os próprios orientadores, aos professores Karamba da vida, a vãos de escada onde uma mulher meio cega atirava búzios salpicados de sangue para cima de uma toalha de linho, a um professor de língua gestual cronicamente agastado pelo facto de o Horácio conseguir unicamente reproduzir o sinal para gargalhada
o desespero levou-nos para perto da bancarrota, para perto de um desespero ainda maior, que é o desespero daqueles que, tendo tido alguma coisa, se vêem de repente sem nada, levou-nos a ter intermináveis discussões de solilóquio nas quais eu gritava até ficar sem voz e ele esmurrava os móveis até partir um mindinho, o desespero levou-nos para longe de tudo quanto tínhamos de bom e para longe um do outro, e de repente descobrimo-nos sozinhos, cada qual evitando estar onde o outro se encontrava, comendo à vez, dormindo em quartos separados nos quais cada um empapava almofadas de lágrimas até o cansaço finalmente derrotar a consciência.

Um dia ao chegar a casa encontrei o Horácio pendurado pelo pescoço no quarto. Enforcara-se com uma ficha tripla e eu, estranhamente calma, dava por mim a pensar em como é que aquela extensão não tinha rebentado apesar de ele ter emagrecido muito. Teria custado apenas cinco euros e aguentava sem qualquer problema o peso de um homem adulto.

Há uma estranha felicidade na consumação da tragédia. De repente, o pior que podia ter acontecido finalmente aconteceu e um sujeito fica desarmado das queixas que vinha acumulando pelo caminho. E chegou o dia do funeral, e eu só pensava que aquela cova na terra não somente iria acolher o homem da minha vida como

na verdade, o homem da minha vida morrera há algum tempo e fora substituído por um boneco de feira amputado do órgão da expressão, o homem da minha vida sucumbira à mais estranha das doenças ou ao mais malévolo dos demónios, e dele restara unicamente aquela pele que tantas vezes foi meu único aconchego no mundo e que agora, recoberta com a sua melhor roupa, se preparava para se encontrar com o criador e eu tinha a esperança silenciosa de ele lhe devolver o homem que a habitava

como ia acolher uma tragédia que nunca poderia partilhar com ninguém para tirar o peso à albarda, pois o inominável é uma pedra na boca de que não se pode falar e que não se consegue cuspir, um calhau multiforme que tanto tem consistência de rocha como de escarro, um calhau como um tumor alertando-nos para a presença tão dissimulada como constante da morte, e enquanto eu pensava coisas que servem unicamente para escrever poemas ou para serem ditas em consultórios, o homem da minha vida descia infinitamente e o meu filho ria. ■

MEU GOZO

Francisco Bosco

Na origem, a melancolia. A minha terra natal.

⋆

A mãe ausente. Ausente de si: o quarto escuro, seu fantasma estendido na cama, dia após dia, o corpo dormente, a alma desaparecida, as caixas de psicotrópicos, aos montes, empilhadas. As ambulâncias, os médicos, o pai soturno vagando pela casa, imenso morcego. O constrangimento dos amigos. Os hospitais. Até hoje, quando entro naquele hospital, o passado se abre por um instante. Aquele hospital é minha madeleine. *O lugar mais íntimo da minha vida; nele eu só vivi a verdade, ainda que a pior verdade. Às vezes eu o visito, como quem visita uma casa da infância onde foi feliz.*

⋆

É o amor que, antes de tudo, diz a alguém: você existe. Se o amor faltou, você não tem certeza que existe. Você pode até ter sido amado, mas se o amor não veio ao encontro em algum momento fundamental, é você que já nunca mais terá certeza se está onde está. É você quem faltará ao seu próprio encontro. Pois é isso a melancolia — uma fragilidade ontológica. Ser e nada. Não uma enfermidade, mas uma infirmidade. Falta de força na mandíbula (aquela foto, a boca aberta e lenta, estranha a todo apetite, ao fundo o letreiro irônico da casa de sanduíches: Chaplin). Mover-se no mundo com a lentidão pesada e etérea dos homens que andam na lua.

★

Se é verdade que reconhecemos nossos pares, um eixo decisivo de identificação dos outros é, para mim, esse: foi amado, não foi amado. Ou melhor: se sentiu amado, não se sentiu (suficientemente) amado. Olho e vejo: esse foi muito amado. Que plantas dos pés enormes tem esse. As pessoas que foram bem amadas — que tiveram, como disse a sábia senhora francesa, "narcisismo de base" — trazem dentro do seu ser uma luz. Como a pequena lâmpada permanentemente acesa ao lado do sacrário, a indicar a presença de Jesus no Santíssimo Sacramento. A luz, o fundamento. Às pessoas para as quais houve um buraco no meio do amor — a elas resta criar a sua luz. Talvez iluminando o mundo, para se banharem no seu reflexo.

★

Há um célebre filósofo que estrutura seu *curriculum vitae* tendo como marcos suas amizades. Um *curriculum* é uma história dos feitos. Os feitos de um filósofo, para esse filósofo, são os de seu pensamento, e esses, para ele, vieram de determinados encontros. E o que é um encontro se não um acontecimento, que por sua vez é um momento de abertura, de desestabilização, de instauração de novos possíveis? Um encontro rasura as fronteiras do sujeito, muda-as de lugar. Há encontros no pensamento, como os há em outras dimensões mais profundas, mais primitivas, mais rígidas. Nessas dimensões, as fronteiras são sólidas, pois elas configuram as balizas definidoras do eu. *O eu não passa de um conjunto de fronteiras*. E contudo, em certos momentos, tão mais excepcionais quanto mais fundas forem as dimensões em jogo, essas fronteiras podem ser deslocadas.

★

As fronteiras do eu. Freud, bem no começo, quando a psicanálise surgia de uma perspectiva ainda fortemente neurológica, usou o termo *Bahnung* para designar os caminhos abertos, consolidados e repetidos pelas relações entre neurônios no cérebro. O cérebro funcionaria tendencialmente segundo uma lógica de repetição: o estabelecimento de circuitos neurais a serem sempre trilhados diante das situações propostas pela existência. Essa tendência é o que os neurobiólogos contemporâneos chamam de *memória procedural*: "percorrer trajetos pelo sistema nervoso, construí-los, firmá-los, ligá-los em rede e desse modo proporcionar ao organismo um determinado repertório de comportamento". Memória não implica apenas lembrar o que passou, mas também repetir o que passará. Memória prospectiva. O sistema psíquico tende à repetição. A memória é a lógica primordial do sujeito; o estabelecimento de padrões afetivos, emocionais, cognitivos, motores, etc. E contudo, em certos momentos —

★

Eu narro a mim mesmo a minha vida não segundo sua continuidade, mas segundo suas descontinuidades. As descontinuidades do meu eu. Não, portanto, uma biografia: escrita da vida, dotada de uma perspectiva totalizante ilusória, feita de anedotas, realizações, alto grau de sentido. Mas uma egografia, ou ainda, *egografemas*: fragmentos de processos desestabilizadores do eu. A história do eu é a história das guerras involuntárias que redefiniram suas fronteiras. Dos encontros, com sua dimensão real, subjetivamente cruenta, trauma às avessas, capazes de efetivar o que nenhuma boa intenção, nenhuma psicologia comportamental, nenhum conselho, nenhuma conversa, nenhuma interpretação, e talvez mesmo nenhuma psicanálise o são.

★

Na origem, a melancolia. E então, a lógica da melancolia. Seu princípio: abandonar, para não ser abandonado. Desde o começo da vida amorosa, sempre o mesmo enredo. O apaixonamento, sua ilusão catártica, seu duplo movimento contraditório e exasperado — conjunção imaginária e disjunção geral — e em seguida o processo obscuro, confuso, inevitável, a angústia sentida como um afogamento, os sonhos de afogamento, os passeios inúteis procurando entender, as conversas inúteis procurando entender, a ruminação infinita, e o ponto cego, primitivo, no núcleo do ser, comandando o processo, arrastando o processo, condenando o processo, o mesmo processo — e então o fim, o falso fim, o fim em falso, fim destituído de começo, ciclo vicioso, ouroboros, como se sai disso?

★

Como se sai de paredes que não se veem? E quando se as consegue ver (vislumbradas em meio a uma tripla metamorfose, como disse o poeta), como se sai, se o que comanda o movimento não quer sair? O comando quer permanecer. O comando quer ver TV. O comando é e não é você.

★

"O que temo é o que me atrai." O que me feriu (trauma, em grego: ferida), é aí que voltarei. A lógica: procurar reencontrar nas mulheres, não apenas a mãe perdida, mas *o que havia de perda na mãe*. O modelo, portanto: menos a perda *da* mãe que a perda *na* mãe. Procurar (como, supostamente, todos fazem) a mãe. Mas, na mãe, procurar a falta da mãe. Perseguir o abandono, repetir o abandono, amar o abandono.

★

O abandono encarnado, o abandono enquanto objeto amoroso-sexual: a mulher *atópica*, aquela cujo desejo é imprevisível, volátil, confuso, inconsistente. Que portanto será capaz de repetir comigo a parte da mãe como trauma.

*

Aquela noite. 15 anos? 14 anos? Procure ali, debaixo do viaduto. Os mendigos, sobre o papelão, deitados, dormindo. Procure ali. Ela não está aqui, aqui só tem mendigos, com seus farrapos, dormindo.

*

O abandono, meu gozo.

*

No dia em que eu a conheci ela apagou. Por um ano inteiro, ela me abandonou de perto. A perda na presença: meu passado, meu destino, meu degredo. A ela também, em sua própria história, de alguma forma o amor havia faltado ao encontro. "Onde está você?" "Onde está você?" O gozo inevitável de morrer de novo. Cinco anos depois, o cabelo dela pegou fogo. Dez anos e dois filhos depois, nós é que pegamos fogo.

*

Em dez anos, fronteiras profundas foram deslocadas. Mas glorificar a coisa seria um engodo. Fronteiras são astuciosas. Às vezes você pensa que está saindo, quando está entrando ainda mais profundamente. (O país do eu também conhece sua modernização conservadora.) *Assim que, meditando sobre as cinzas, minha conclusão: o que pudemos criar foi uma capacidade de suportar o mútuo abandono sistemático, sem nos abandonarmos de vez. Viver no abandono. Fundar uma relação na lógica do abandono. Não apenas amar o abandono, mas amar no abandono.*

★

Até que, certo dia, de repente eu estava tão longe que já mal podia ouvir a sua voz, mesmo que ela gritasse. Como nos sonhos em que tentamos nos aproximar de algo mas não conseguimos.

★

A pergunta prática não é "o que é o amor" (questão descritiva, não normativa) — e sim: o que torna possível uma experiência alegre, terna, feliz da relação amorosa? A resposta é fácil: a capacidade de sustentar certo nível de esvaziamento do ego, esvaziado porque sua libido está em boa medida investida no outro, de quem portanto estamos dependentes. Dependemos de que ele invista também a sua libido em nós, preenchendo nosso ego de volta, e para isso é preciso que o outro tenha igualmente a capacidade de sustentar o esvaziamento de seu ego. Amar é, fundamentalmente, suportar a vulnerabilidade, sob a confiança de que o outro não a trairá. A confiança recíproca é o sustentáculo de qualquer relação "feliz".

★

Quarenta anos para conseguir deslocar — um pouco ou decisivamente? — as fronteiras fundadoras do sentimento do abandono.

★

O amor é o grande poder transformador. Porque ele movimenta montanhas de libido na direção de uma nova identificação, ele é capaz de esvaziar identificações antigas, primitivas, estruturais. Ora, as fronteiras do eu são as fronteiras das identificações que ele estabeleceu ao longo da vida. O eu é um estranho país; um espaço sem espaço real. Como disse o mestre turvo, sua forma não é a da fruta, que contém um caroço, um núcleo, uma essência inalienável —

e sim a do bulbo, da cebola, feita de camadas, pura alienação, tiradas as quais, uma a uma, não sobra nada.

★

Você pode conviver por meses, anos, com um cadáver que fede na sala. Quanto mais o tempo passa, mais ele fede de modo insuportável, até que ele se decompõe tão completamente que para de feder. Você não poderá notar, mas essa segunda morte dele quer dizer que foi você quem morreu.

★

Antes de morrer de morte, algo em mim escolheu morrer de vida. Eu me apaixonei por uma voz. Por uma voz que chegava a mim por mensagens de texto, palavras que eu podia ouvir materialmente, porque conhecia a voz de onde vinham. E o que havia naquela voz que me arrastava pro fundo do mar? Havia promessa de confiança (aquela foto, com a Flor). Havia a condição fundamental para o único passo que eu deveria dar no sentido de superar a lógica do abandono. Em tudo isso eu estava, então, de olhos fechados. E sem cera nos ouvidos.

★

Estou aqui.

★

Eu vou. Coragem.

★

Não abandonar. Não ser abandonado. Mãe.

★

Eu quero o que desejo. Eu desejo o que quero.

★

Há a tensão entre as fronteiras do eu e os processos excepcionais em que essas fronteiras são deslocadas. Mas há também a tensão entre o eu e o que, *em nós, não é o eu*. O narcisismo, regime do eu, e a impessoalidade, regime do não eu. O contentamento e o êxtase. A assinatura e a escrita. O não eu: "*Eu fico louco, eu fico fora de si, eu fico sem ninguém em mim.*" Um filósofo observou que viver poeticamente é viver em trânsito constante para o não eu. O poeta é o eu, mas a poesia é o fora do eu.

★

"Não se entra no país das maravilhas
Pois ele fica do lado de fora,
Não do lado de dentro. Se há saídas
Que dão nele, estão certamente à orla
Iridescente do meu pensamento,
Jamais no centro vago do meu eu.
E se me entrego às imagens do espelho
Ou da água, tendo no fundo o céu,
Não pensem que me apaixonei por mim.
Não: bom é ver-se no espaço diáfano
Do mundo, coisa entre coisas que há
No lume do espelho, fora de si:
Peixe entre peixes, pássaro entre pássaros,
Um dia passo inteiro para lá."

★

Duas formas, portanto, de sair da identidade fixa do eu: deslocando suas fronteiras, em movimentos raros, extremamente custosos e sempre, sempre involuntários; ou voando sobre essas fronteiras, em momentos excepcionais do cotidiano, e deixando-as intocadas, para pousar novamente dentro delas (os que voam tempo demais, para longe demais, como fizeram tantos artistas, depois já não sabem ao certo para onde voltar).

★

Mãe. Perder o medo da palavra. Dizer mãe.

★

"Quanto mais olhamos de perto para uma palavra, mais ela nos olha de longe." ■

AUTORES

José Eduardo Agualusa nasceu no Huambo, em 1960. Publicou 15 romances e diversas colectâneas de contos e de crónicas. É cronista do diário brasileiro *O Globo*. Em 2007, ganhou o prémio Independent Foreign Fiction com o romance *O Vendedor de Passados*. Em 2016, foi finalista do prémio Man Booker International com o romance *Teoria Geral do Esquecimento*, que no ano seguinte ganhou o Dublin Literary Award. Os seus livros estão traduzidos em mais de 30 idiomas. É representado pela Mertin Literary Agency.

Francisco Bosco nasceu no Rio de Janeiro, em 1976. É ensaísta, doutor em teoria da literatura pela UFRJ. Ex-presidente da Funarte, é autor dos livros *A Vítima Tem sempre Razão?*, *Orfeu de Bicicleta: Um pai no século XXI* e *Alta Ajuda*, todos publicados em Portugal. Dirigiu a colecção Ensaios Brasileiros Contemporâneos (Funarte, nove volumes).

André Carrilho nasceu em Lisboa, em 1974. É ilustrador, cartoonista, caricaturista e designer. Multipremiado nacional e internacionalmente, ganhou em 2002 o prestigiado Gold Award, atribuído pela Society for News Design (EUA). O seu trabalho aparece em publicações como *New York Times*, *New Yorker*, *Vanity Fair*, *Harper's Magazine* e *Diário de Notícias*. Já expôs em vários países: Portugal, EUA, França, Espanha, China e Brasil.

Marcos Chaves nasceu no Rio de Janeiro, em 1961. Iniciou a sua actividade artística na década de 1980, e a sua obra caracteriza-se pela utilização de diferentes meios, transitando entre a produção de objectos, fotografias, vídeos, desenhos, palavras e sons. Participou na Manifesta 7 — Bienal Europeia de Arte Contemporânea, e na 25.ª Bienal de São Paulo. Fotografias suas já foram expostas em França, Alemanha, Itália, Reino Unido, EUA, Tóquio, Tailândia e África do Sul.

Emma Cline nasceu na Califórnia, em 1989. Trabalhou como leitora para a *New Yorker* e tem publicado ficção em revistas como a *Paris Review* e a *Tin House*. O seu romance de estreia, *As Raparigas* (2016), foi muito aclamado pela crítica internacional, e está publicado em Portugal. Em 2017, Cline foi incluída pela *Granta* na lista dos melhores jovens escritores americanos.

Julián Fuks nasceu em São Paulo, em 1981, filho de pais argentinos. Em 2012, foi incluído pela *Granta* na lista dos melhores jovens escritores brasileiros. O seu romance *A Resistência*, publicado em Portugal, recebeu o Prémio Jabuti de romance (2016) e o Prémio Literário José Saramago (2017).

Han Kang nasceu em Gwangju, na Coreia do Sul, em 1970. Estudou Literatura Coreana e trabalhou como jornalista para várias publicações. O seu romance de estreia, *A Vegetariana*, foi distinguido com o prémio Man Booker International em 2016. Em Portugal está ainda publicado o livro *Atos Humanos*.

Rita Lino nasceu em Portugal, em 1986. As suas fotografias exprimem uma obsessão natural com o eu, usando o auto-retrato e o corpo como matéria primordial. Publicou dois livros de fotografia — *All the Lovers* (2013) e *Enteartete* (2014) — e apresentou o seu trabalho internacionalmente. Colabora com diversos projectos e iniciativas além-fronteiras, e o seu trabalho tem vindo a ser publicado em revistas internacionais.

Adriana Lisboa nasceu no Rio de Janeiro, em 1970. Ficcionista e poeta, é autora, entre outros livros, dos romances *Sinfonia em Branco* (Prémio José Saramago), *Um Beijo de Colombina*, *Rakushisha*, *Azul-corvo* (livro do ano no jornal inglês *Independent*) e *Hanói* (livro do ano no jornal *O Globo*). Os seus livros estão publicados em mais de 20 países, e os seus poemas e contos saíram em publicações como *Modern Poetry in Translation*, *Asymptote* e *Casa de las Américas*.

AUTORES

Patrick Marnham nasceu em Jerusalém, em 1943, e estudou em Oxford. É jornalista, biógrafo e guionista. Escreveu biografias de Diego Rivera, Georges Simenon e Jean Moulin, entre outras. Foi guionista e repórter de guerra para a BBC, correspondente do *Independent* em Paris e editor de literatura da *Spectator*. Os seus livros receberam os prémios Thomas Cook Travel Book Award e Marsh Biography Award. Não está publicado em Portugal.

Peter Pomerantsev nasceu em Kiev, na Rússia, em 1977. Estudou Literatura Inglesa e Alemã, e trabalhou em Londres como produtor de televisão e jornalista. Tem colaborado com publicações como *London Review of Books*, *Atlantic* ou *Newsweek*. O seu livro mais recente é *Nothing Is True and Everything Is Possible* (2014). Não está publicado em Portugal.

Valério Romão nasceu em França, em 1974. Licenciou-se em Filosofia pela FCSH-UNL. Escreve romances (*Autismo*, *O da Joana*, *Cair para Dentro*), contos (reunidos nos volumes *Facas*, *Da Família*, *Dez Razões Para Aspirar a Ser Gato*) e peças de teatro (*A Mala*, *Macha*). Está publicado em Itália e em França, onde foi finalista do Prémio Femina 2016, com a tradução de *Autismo*.

João Fonte Santa nasceu em Évora, em 1965. Estudou Pintura na FBAL. Vindo da produção gráfica *underground* em fanzines, o seu trabalho integra também a pintura e o desenho. A partir de um imaginário fortemente ancorado na cultura popular contemporânea e erudita, procura tornar visível a mecânica do poder político.

Keane Shum nasceu na Austrália, em 1983, e cresceu em Hong Kong. Estudou Direito nos Estados Unidos e, mais tarde, integrou a equipa do Alto Comissariado das Nações Unidas para os Refugiados, no sector do Sudeste Asiático. Escreve regularmente para o jornal *South China Morning Post* e ocasionalmente para as publicações *Atlantic* e *Sydney Morning Herald*. Não está publicado em Portugal.

Teresa Veiga nasceu em 1945. Escreveu somente sete livros ao longo de 30 anos de vida literária. Apesar disso, é unanimemente reconhecida como uma das maiores contistas da literatura portuguesa. Recebeu o Prémio PEN Clube Português de Ficção com *História da Bela Fria* (1992) e o Grande Prémio de Conto Camilo Castelo Branco da Associação Portuguesa de Escritores com *História da Bela Fria* (1992), *Uma Aventura Secreta do Marquês de Bradomín* (2008) e *Gente Melancolicamente Louca* (2015).

Há 18 anos,
o jornal de literatura do Brasil
www.rascunho.com.br
Desde Abril de 2000

A Granta foi
composta em caracteres
Plantin e impressa na Geográfica,
sobre papel Munken Print Cream Imune 80g
e Alta Alvure Imune 120g, em maio de 2018.